NÄH DIR DEINEN STYLE

YOUNG FASHION –
BEST OF
COLLECTION

NÄH DIR DEINEN STYLE

YOUNG FASHION – BEST OF COLLECTION

INHALT

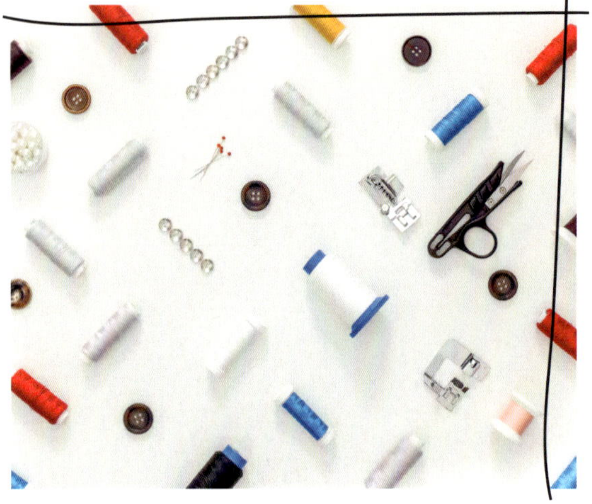

UNTENRUM 70

RUNDHERUM 100

INHALT

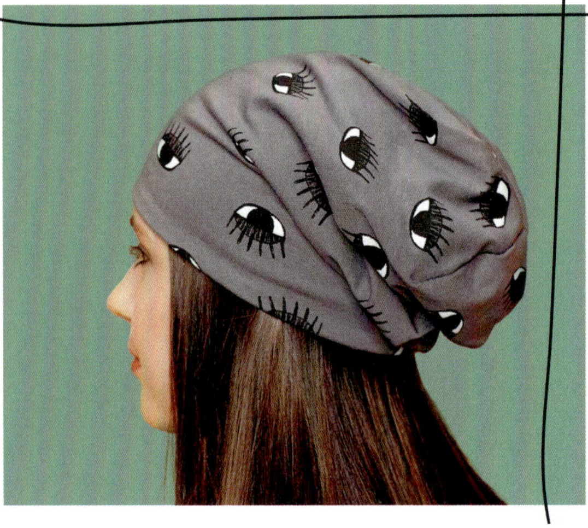

A053

GRUNDLAGEN

DIE WICHTIGSTEN BEGRIFFE

STOFFSEITE

Jeder Stoff hat eine Vorder- und eine Rückseite. Diese heißen rechte und linke Seite. Die rechte ist die „schöne“ Seite, die später zu sehen ist. Genäht wird meistens rechts auf rechts, d. h. die Stoffe liegen beim Zusammennähen mit den schönen Seiten aufeinander und genäht wird auf der linken Seite.

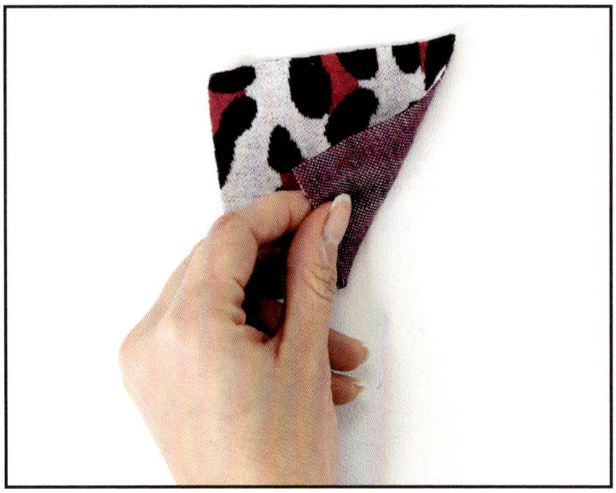

NAHTZUGABE (NZ)

Die Nahtzugabe ist der Rand, der später neben der Naht übersteht. Die Nahtzugabe beträgt in der Regel 0,7–1,0 cm, bei Säumen (das ist der breite Rand, der später noch eingeschlagen wird, wie z. B. an Ärmeln, Hosen oder Röcken) 2–4 cm. Am Bruch wird keine Nahtzugabe dazu gegeben.

FADENLAUF (FDL)

Die Markierung „Fadenlauf (FDL)“ gibt an, wie du das Schnittmuster auf den Stoff legen musst. Jeder Stoff hat eine Richtung, den Fadenlauf. Diesen solltest du besonders bei Kleidung beachten, sonst passt dein Teil später nicht richtig oder Motive stehen auf dem Kopf. Am einfachsten kannst du den Fadenlauf des Stoffes an der Webkante erkennen, diese verläuft immer parallel dazu. Bei gewebten Stoffen gehen die Fäden entweder von oben nach unten oder von links nach rechts. Bei dehnbaren Stoffen siehst du kleine Streifen, wenn du den Stoff etwas auseinander ziehst: das ist der Fadenlauf.

BRUCH

Der Bruch ist die Kante, an der der Stoff gefaltet und damit doppelt gelegt wird. Durch den Bruch wird das auszuschneidende Schnittteil exakt gespiegelt. Am Bruch wird keine Nahtzugabe dazu gegeben.

VERSÄUBERN

Gewebte Stoffe fransen aus. Deswegen musst du die Kanten mit einer Naht am Stoffrand versäubern, am besten noch vor dem Zusammennähen. Dazu kannst du einen breiten Zickzack- oder einen Overlockstich nehmen.

ABSTEPPEN

Beim Absteppen wird auf der rechten Stoffseite ganz knapp am Rand entlang genäht. Dadurch verhindert man, dass sich Stoffe an den Kanten verziehen und es gibt der Kante etwas Stabilität.

STICHWAHL

Webwaren bzw. unelastische Stoffe werden mit einem Geradstich mit mittlerer Stichlänge (2–3) genäht und mit einem breiten Zickzack- oder Overlockstich versäubert. Dehnbare Materialien müssen immer mit einem elastischen Stich genäht werden, sonst reißen die Nähte später. Hier kannst du einen mittelgroßen Zickzackstich mit einer Stichlänge zwischen 1–2 nehmen oder einen dreifachen Geradstich. Ein Versäubern ist nicht nötig, sieht manchmal aber schöner aus.

ALLGEMEINE HINWEISE

Die Angaben zum Stoffverbrauch beziehen sich jeweils auf die Stofflänge bei einer Stoffbreite von 140 cm.
Bitte beachte, dass unterschiedliche Stoffe zu unterschiedlichen Ergebnissen führen können. Beispielsweise ist Viskosejersey deutlich dehnbarer als Jersey. Dadurch kann das fertige Teil unterschiedlich groß ausfallen. Wenn du dehnbare Stoffe vernähst, musst du darauf achten, diese beim Zusammennähen nicht zu dehnen, sonst wellt sich der Stoff später. Nutze im Idealfall auch einen Obertransportfuß und verringere den Nähfußdruck. Außerdem sollten die Stoffe vor dem Zuschnitt einmal gewaschen werden, damit hinterher nichts einläuft.

MASS NEHMEN

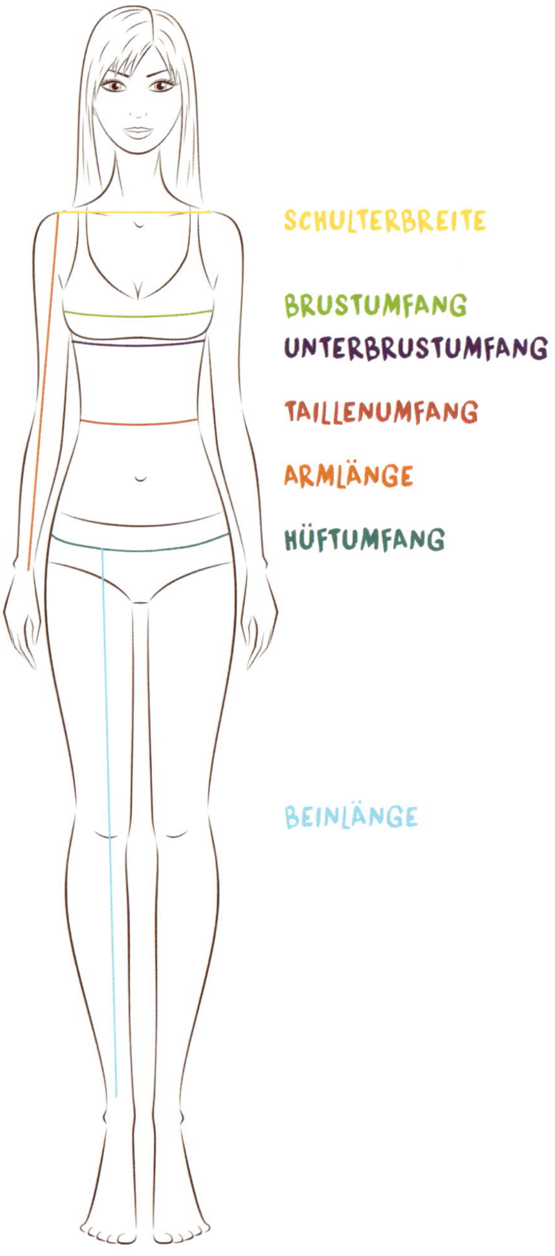

Bevor du mit dem Erstellen deiner Schnitte anfängst, brauchst du die richtigen Maße. Für die Klamotten vermisst du dich am besten einmal komplett und trägst die Maße in die Tabelle daneben ein. Lass dir evtl. dabei helfen. In der Tabelle ist außerdem auch noch Platz, um die Maße einer Freundin oder Schwester einzutragen oder um deine Maße zu korrigieren, wenn du noch wächst.

ALLGEMEINES

Die Angaben zum Stoffverbrauch sind Längenangaben und beziehen sich auf eine Stoffbreite von mindestens 140 cm. Bitte beachte, dass unterschiedliche Stoffe zu unterschiedlichen Ergebnissen führen können. Beispielsweise ist Viskosejersey deutlich dehnbarer als Jersey und Canvas steifer als Popeline.
Halte dich daher an die jeweilige Stoffempfehlung. Die Stoffe sollten vor dem Zuschnitt einmal gewaschen werden, damit hinterher nichts einläuft.

KÖRPERMASSE TABELLE

NAME				
Brustumfang (BU)				
Unterbrust-umfang (UBU)				
Taillenumfang (TU)				
Hüftumfang (HU)				
Schulterbreite (SB)				
Armlänge (AL)				
Beinlänge (BL)				

SCHNITT ERSTELLEN

Einen Schnitt erstellst du, indem du die Maße entsprechend der jeweiligen Zeichnung mit einem wasserfesten Stift auf Papier oder Folie überträgst. Geeignet sind Kopierpapier oder Kopierfolie aus dem Fachhandel, aber auch Zeitungs- oder Backpapier sowie Malerfolie aus dem Baumarkt. Die Folie sollte mindestens 0,03 cm dick sein. Wenn du dich beim Nähen schon etwas sicherer fühlst, kannst du deine Schnitte noch mehr deinen Vorstellungen anpassen. Probiere statt des runden Halsausschnittes zum Beispiel den V-Ausschnitt aus. Oder kombiniere unterschiedliche Stoffe miteinander, indem du das Vorder- und Rückenteil diagonal auseinander schneidest und die verschiedenen Stoffe dort dann wieder zu einem Schnittteil zusammensetzt. Achte dabei nur darauf, an der Schnittkante der Unterteilungen jeweils noch eine Nahtzugabe von je 1 cm dazuzugeben. Und wer sagt, dass ein Saum immer gerade sein muss? Schneide beim nächsten Mal das Rückenteil mit einem leichten Bogen zu, sodass es hinten länger ist als vorne. Die Schnittangaben in diesem Buch sind ohne Nahtzugabe, deswegen musst du beim Zuschneiden rundherum jeweils 1 cm dazu geben; an einem Saum kommen 4 cm dazu. Die Bruchkante erhält keine Nahtzugabe.

DEINE SCHNITTMUSTER ENTSPRECHEN DEINEN MASSEN UND SEHEN Z.T. ANDERS ALS DIE ZEICHNUNG AUS.

10 GOLDENE NÄHREGELN

1. NÄHE NIE UNTER ZEITDRUCK.

2. JE GENAUER DIE VORARBEIT, DESTO SCHNELLER IST ALLES GENÄHT.

3. GUT GEBÜGELT IST HALB GENÄHT.

4. MESSEN NERVT, IST ABER WICHTIG.

5. SCHAU BEIM NÄHEN NICHT AUF DIE NADEL, SONDERN AUF DAS NÄHFÜSSCHEN.

6. NICHT AUFGEBEN – OFT WIRD AUS EINEM FEHLER ETWAS GANZ TOLLES.

7. STOFFE UND PROJEKTE FINDEN GANZ VON ALLEINE ZUEINANDER – MANCHMAL DAUERT ES NUR ETWAS LÄNGER.

8. JEDEN SCHNITT NÄHST DU MINDESTENS ZWEIMAL – DAS ERSTE MAL, UM IHN ZU VERSTEHEN, DAS ZWEITE MAL IN SCHÖN.

9. ZEIGE DEN ANDEREN NICHT DEINE NÄHFEHLER, SONDERN GENIESSE DIE KOMPLIMENTE.

10. EINFACH NÄHEN!

OBEN-
RUM

CARDIGAN

MATERIAL

dehnbare Stoffe:
French Terry, Sweat,
Strickstoffe

VERBRAUCH

ca. 2 m

KÖRPERMASSE

- Schulterbreite
- Armlänge
- gewünschte Länge ab Schulter

SCHNITTVORLAGEN

VORDERTEIL / RÜCKENTEIL

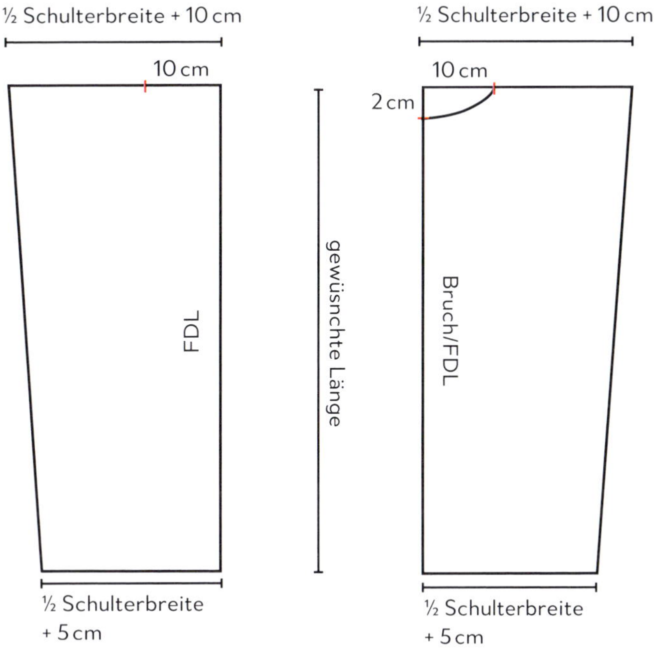

ÄRMEL

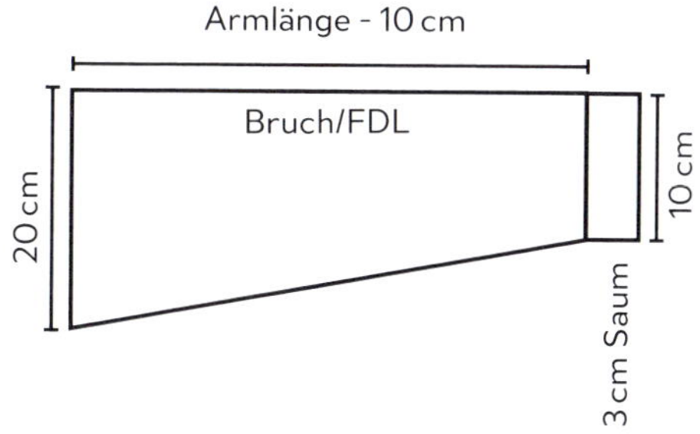

ZUSCHNITT

2x Vorderteil (gegengleich)
1x Rückenteil im Bruch
2x Ärmel im Bruch

ANLEITUNG

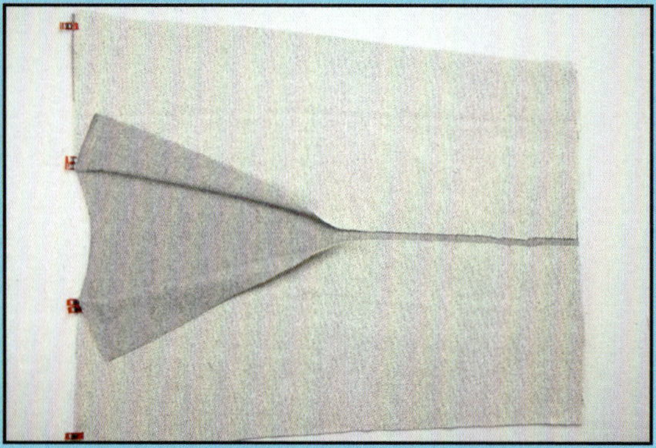

1 Lege die beiden Vorderteile rechts auf rechts auf das Rückenteil und nähe sie an den Schultern bis zur Markierung fest.

2 Bügele die Nahtzugaben auseinander und nähe mittig über die Naht mit einem breiten Zickzack- oder einem Zierstich. Mit einem andersfarbigen Garn kannst du die Naht hervorheben.

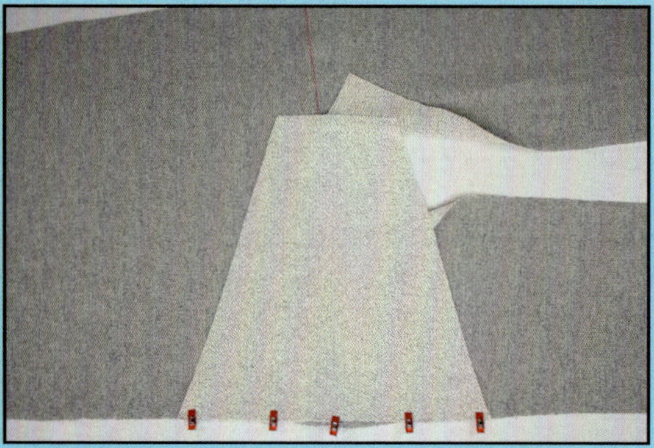

3 Falte Vorder- und Rückenteil auseinander und lege die Ärmel mit der Bruchkante rechts auf rechts auf die Schulternaht. Nähe die Ärmel fest. Bügele die Nahtzugaben auseinander und nähe mit einem breiten Zickzackstich über die Naht.

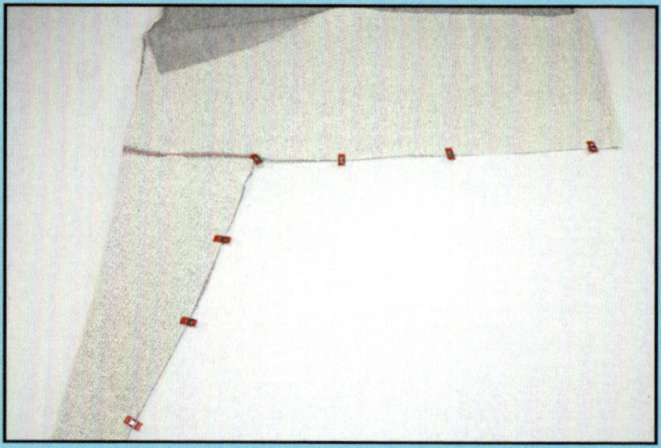

4 Lege das Vorderteil rechts auf rechts auf das Rückenteil und schließe die jeweilige Seite und den Ärmel mit einer durchgehenden Naht.

5 Säume den Cardigan, indem du die Kanten rundherum 1 cm umschlägst. Einen markanteren Look erzielst du, wenn du sie nach außen, eine feinere Optik, wenn du sie nach innen umschlägst.

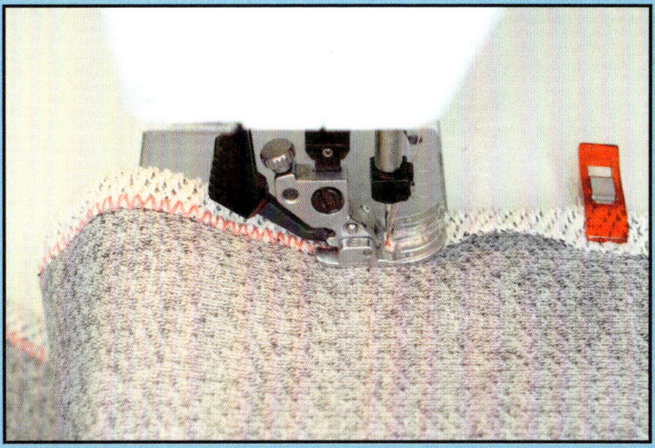

6 Nähe die Kanten mit einem breiten Zickzack- oder einem elastischen Zierstich fest, indem du einmal links und einmal rechts von der Stoffkante einstichst.

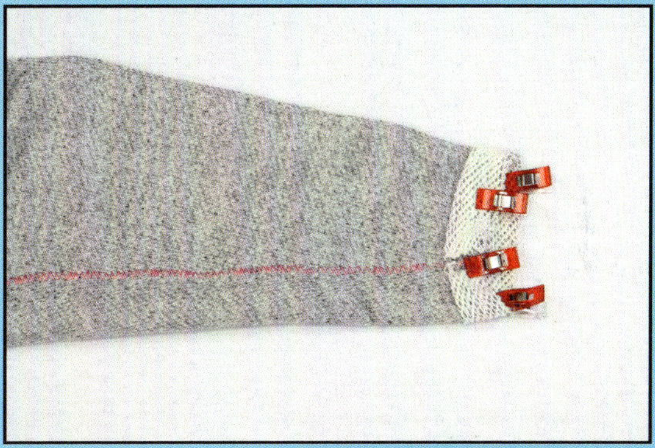

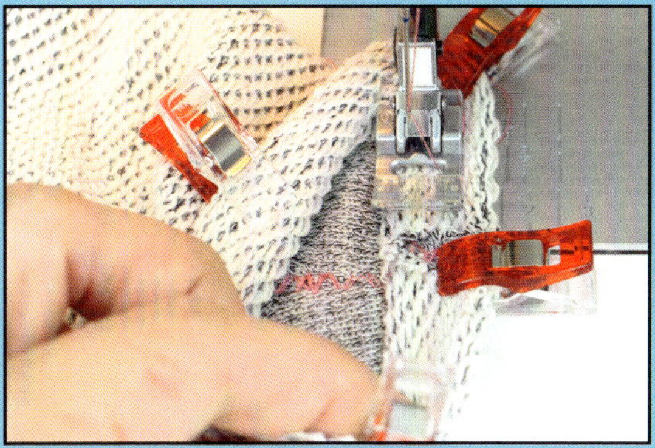

7 Säume die Ärmel, indem du sie ca. 1,5 cm nach innen oder nach außen einschlägst. Nähe die Kanten wie in Schritt 6 mit einem breiten Zickzack- oder einem elastischen Zierstich fest.

OFFSHOULDER-OBERTEIL

MATERIAL

leichte Webware:
Baumwollstoffe, Viskose, Blusenstoffe

schmales Gummiband

VERBRAUCH

Stoff: 1 m, je nach Länge
Gummiband: ca. 1,5 m

KÖRPERMASSE

- Hüftumfang
- gewünschte Länge (z. B. Schulter bis Hüfte)

SCHNITTVORLAGEN

OBERTEIL

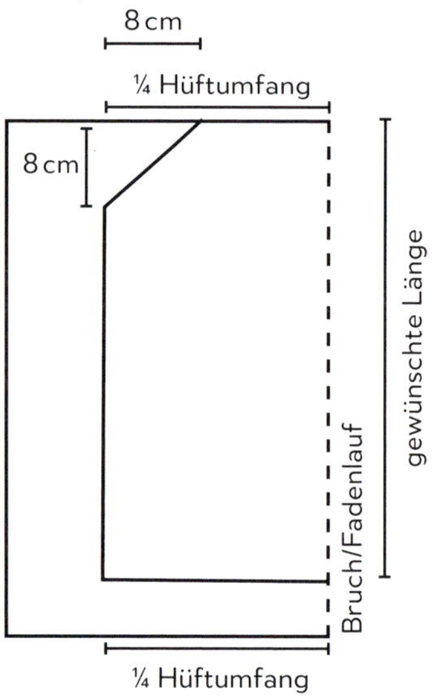

VOLANT

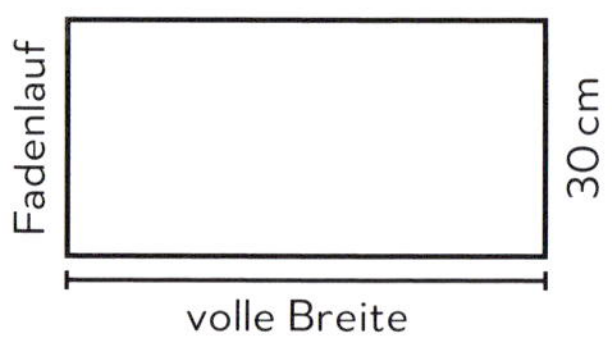

+ zzgl. 1 cm Nahtzugabe, 3 cm Saumzugabe

ZUSCHNITT

2x Schnittteil im Bruch
1x Volant
1x Gummiband

OBENRUM

ANLEITUNG

1 Falte die schrägen Kanten zwei Mal jeweils ca. 1 cm nach innen um und nähe sie fest.

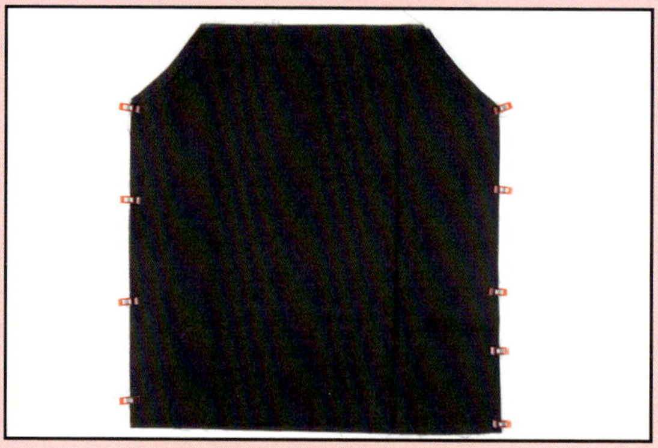

2 Schließe die Seitennähte.

3 Säume das Oberteil, indem du es unten ca. 3 cm nach innen einschlägst und festnähst.

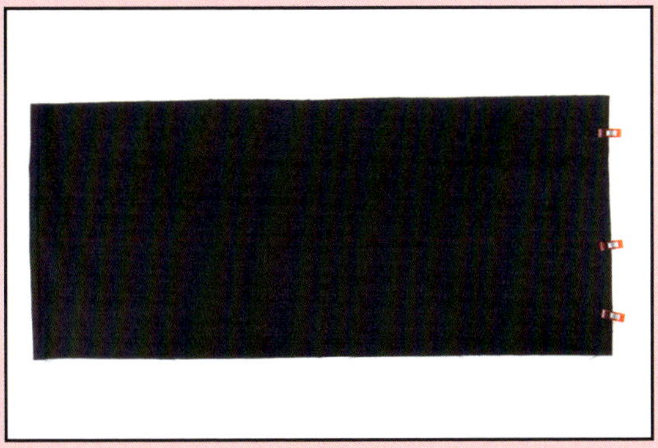

4 Schließe den Volant an der kurzen Seite zu einem Ring.

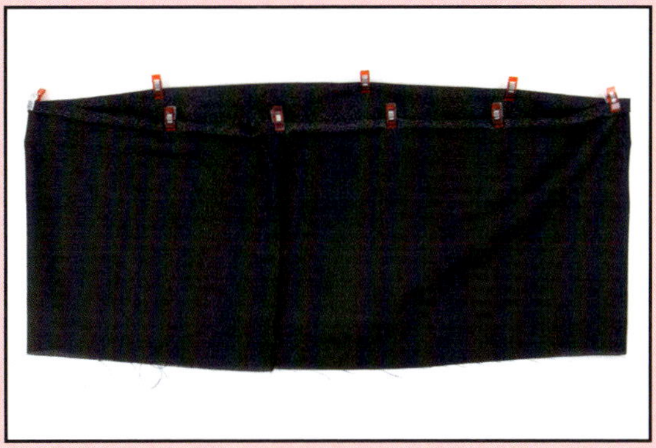

5 Schlage die untere Seite des Volants zweimal ca. 1 cm nach innen ein und nähe sie fest.

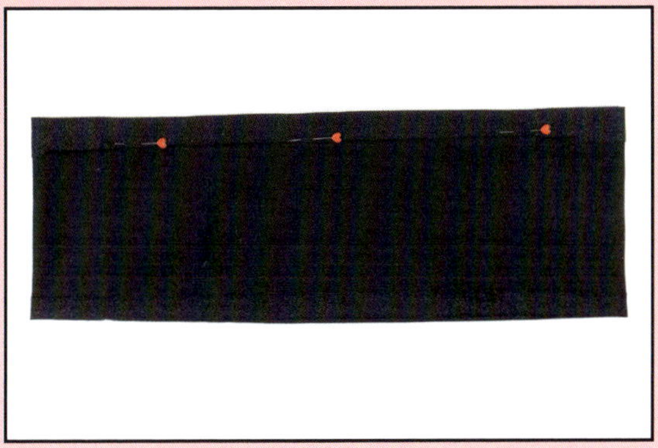

6 Schlage die obere Seite des Volants erst 1 cm, dann noch einmal 2 cm nach innen ein und stecke sie fest.

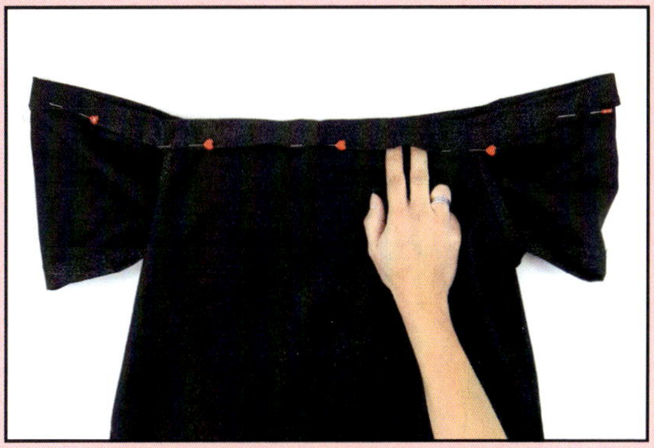

7 Ermittele am Volant sowie an der Vorder- und Rückenseite des Oberteils die Mitte und lege die obere Kante des Oberteils rechts auf rechts mit in den umgeschlagenen Stoff des Volants. Der Volant liegt zwischen dem Vorder- und Rückenteil.

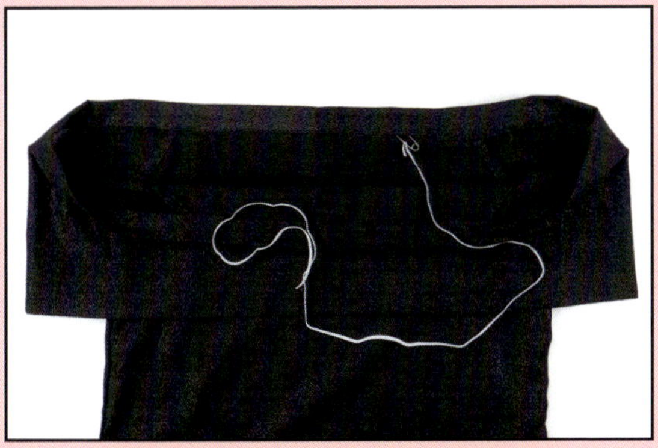

8 Nähe den Volant fest und lasse am Rücken eine kleine Öffnung, durch die im Anschluss das Gummiband gezogen wird.

STYLINGTIPP

Trage das Oberteil mit freien Schultern oder näher am Hals und individualisiere es so.

ROLLKRAGEN-SHIRT

MATERIAL

dehnbare Stoffe: Jersey, dünner Strick, Jaquard

VERBRAUCH

ca. 70 cm – je nach Länge

SCHNITTVORLAGEN

VORDER- UND RÜCKENTEIL

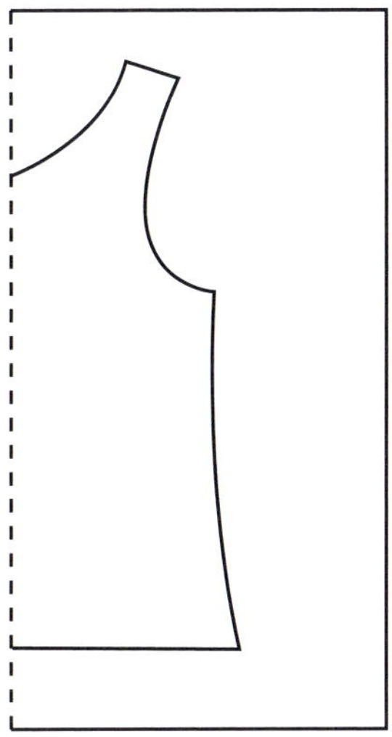

ROLLKRAGEN

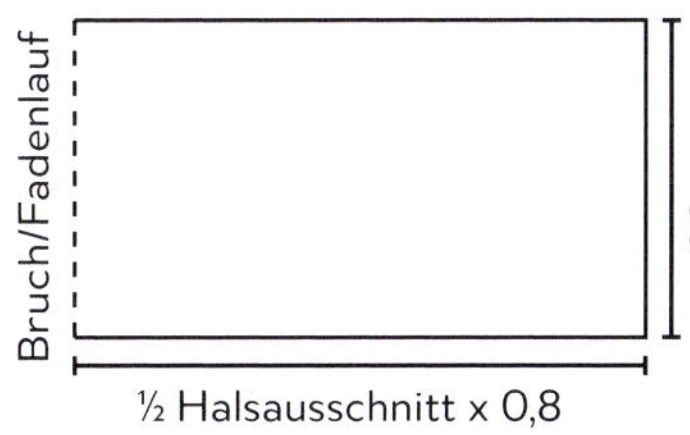

+ zzgl. 1 cm Nahtzugabe und 3 cm Saumzugabe

ZUSCHNITT

1x Vorderteil im Bruch
1x Rückenteil im Bruch
1x Kragen im Bruch

ANLEITUNG

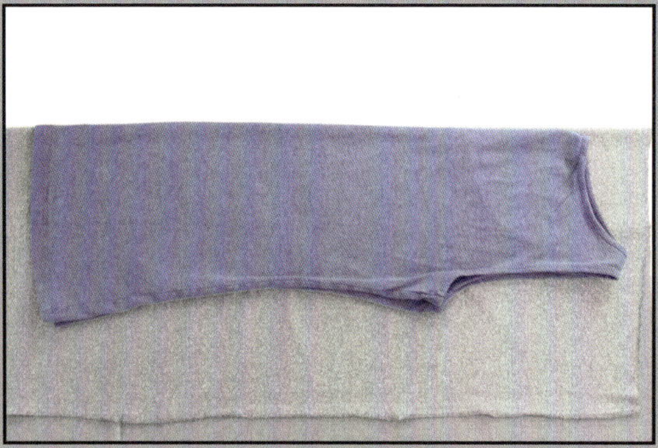

1 Falte ein gut sitzendes ärmelloses Shirt der Länge nach zusammen, sodass das Vorderteil innen liegt. Lege das Shirt auf den gedoppelten Stoff, sodass beide Bruchkanten übereinander liegen. Zeichne nun die Umrisse des Shirts ab. Zeichne den Halsausschnitt im Anschluss etwa 3 cm tiefer ein.

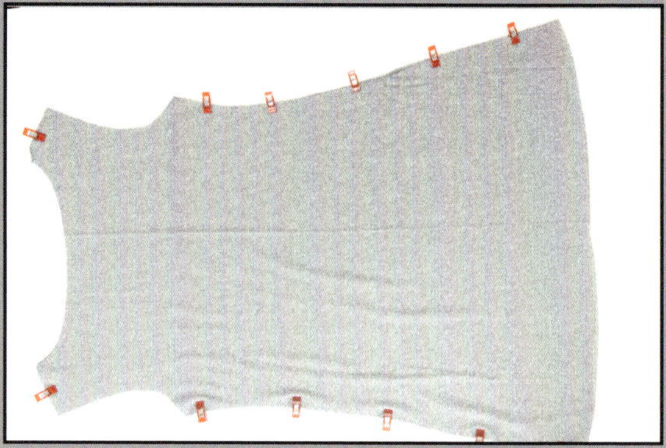

2 Schneide das Schnittteil zzgl. Nahtzugabe zweimal aus. Vorderteil und Rückenteil sind genau gleich. Lege Vorderteil und Rückenteil rechts auf rechts und schließe die Schultern sowie die Seiten.

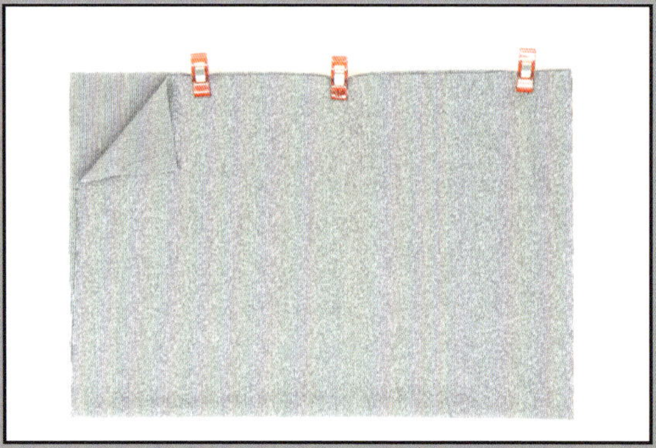

3 Lege den Rollkragen rechts auf rechts zusammen und schließe die Seite.

4 Falte den Kragen links auf links zur Hälfte zusammen.

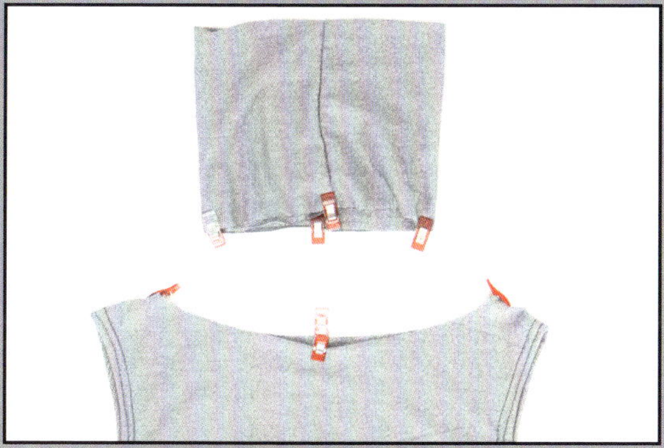

5 Viertele sowohl den Kragen an den offenen Kanten, als auch den Halsausschnitt, indem du vier Markierungen setzt, die gleich weit voneinander entfernt sind.

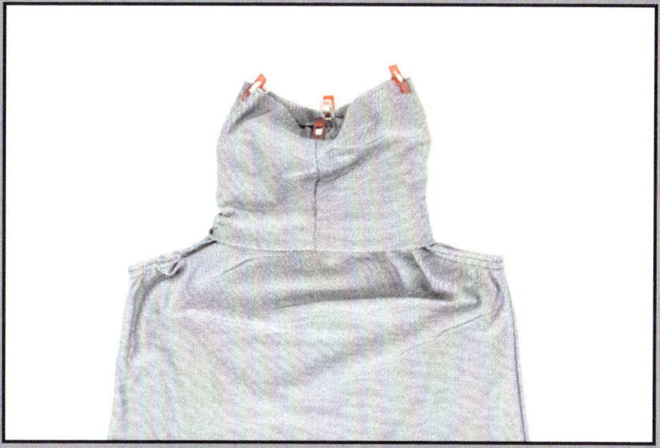

6 Stülpe den Rollkragen rechts auf rechts über den Halsausschnitt und nähe ihn am Shirt fest. Je nach Größe des Halsausschnittes muss der Kragen etwas gedehnt werden.

TIPP

Achte beim Annähen des Kragens darauf, dass du ihn ganz gleichmäßig dehnst.

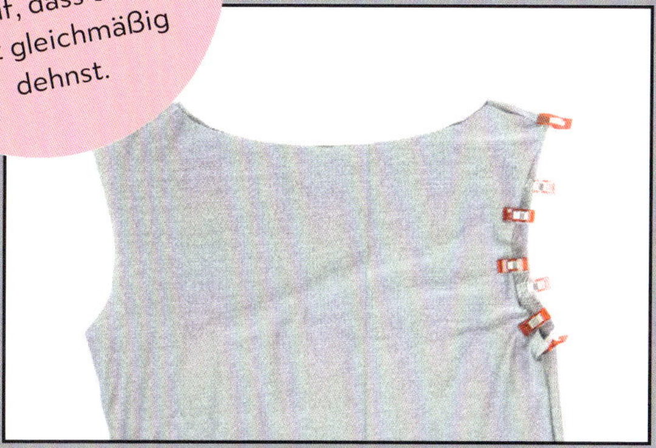

7 Säume die Armausschnitte, indem du sie 1 cm nach innen einschlägst und festnähst. Schlage danach den Saum 3 cm nach innen und nähe ihn fest.

BANDEAU-TOP

MATERIAL
dehnbare Materialien wie Jersey, Viskosejersey, Trikotstoff

Kräuselgummi (Framilon)

VERBRAUCH
Stoff: 35 cm
Kräuselgummi: 30 cm

KÖRPERMASSE
- Unterbrustumfang

ZUSCHNITT
1x langes Vorderteil
1x kurzes Vorderteil
1x Rückenteil
2x 15 cm Kräuselgummi

SCHNITTVORLAGEN

LANGES VORDERTEIL

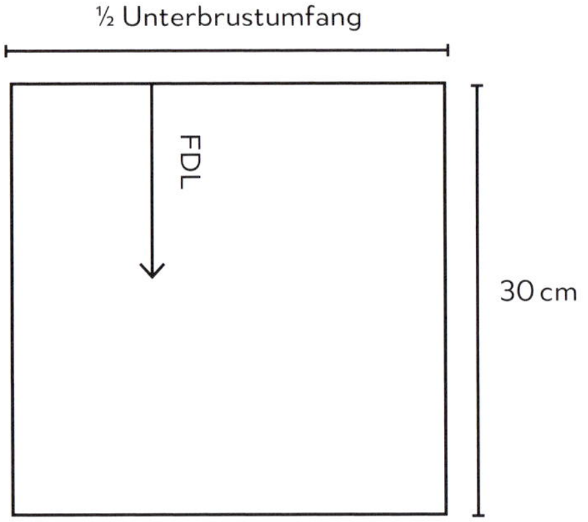

KURZES VORDER-/RÜCKENTEIL

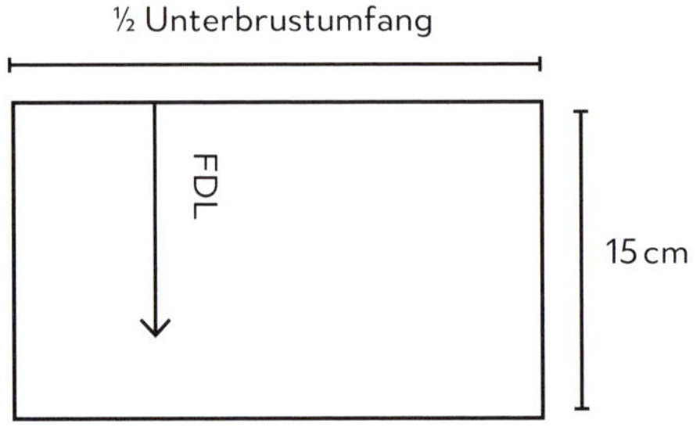

ANLEITUNG

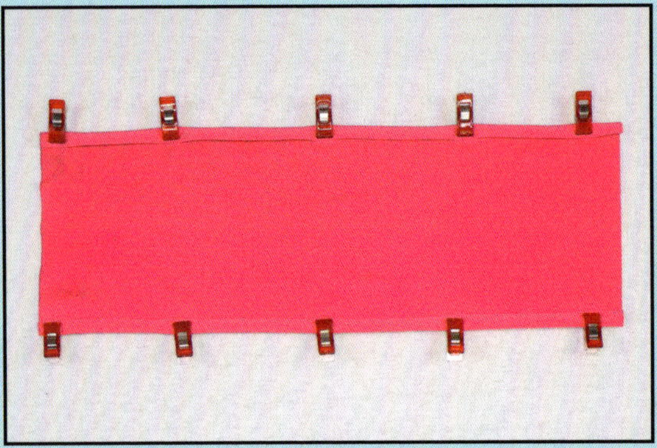

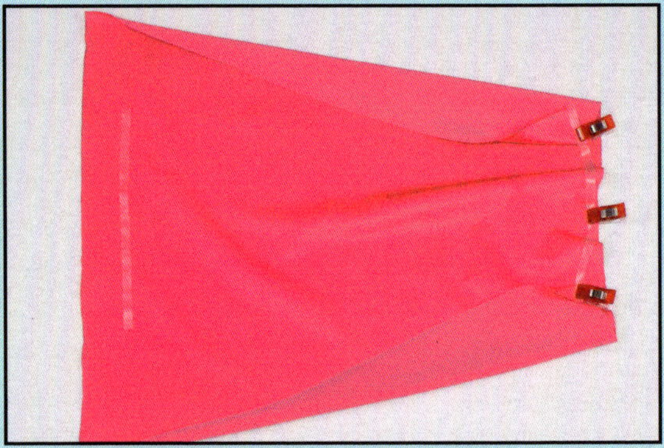

1 Schlage am Rückenteil die obere und die untere Kante ca. 1 cm auf die linke Seite um und nähe sie mit einem elastischen Stich fest.

2 Auf die Seiten des langen Vorderteils nähst du gedehnt das Kräuselgummi auf. Achte darauf, dass du das Gummi auf die linke Stoffseite nähst. Nun sollte das Vorderteil etwa 15 cm breit sein.

VIDEO

GLEICHMÄSSIG KRÄUSELN

https://youtu.be/J67-IlnmlKw

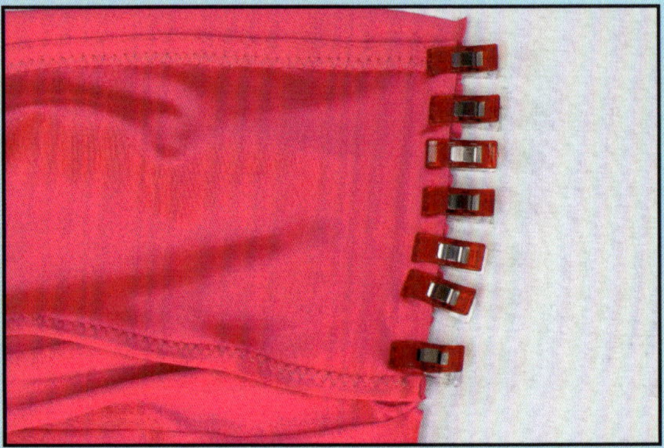

3 Lege das lange Vorderteil rechts auf rechts auf das kurze Vorderteil und nähe beide an einer langen Seite zusammen.

4 Klappe die Vorderteile auseinander und lege das Rückenteil rechts auf rechts auf das gekräuselte Vorderteil. Lege dafür das Rückenteil an der in Schritt 3 genähten Naht an und lass an der anderen Seite ca. 1 cm Nahtzugabe vom Vorderteil überstehen.

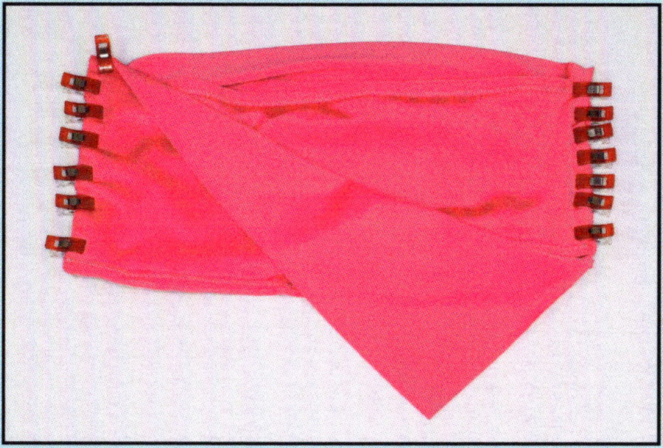

5 Klappe das schmale Vorderteil auf das Rückenteil und nähe alle drei Teile an den schmalen Seiten zusammen.

6 Nähe die noch offene lange Seite zusammen. Achte darauf, nicht das in der Mitte liegende Rückenteil mit festzunähen und lass eine Wendeöffnung von ca. 5 cm.

VIDEO

WENDEÖFFNUNG UNSICHTBAR SCHLIESSEN

https://youtu.be/EvRX7UOswEl

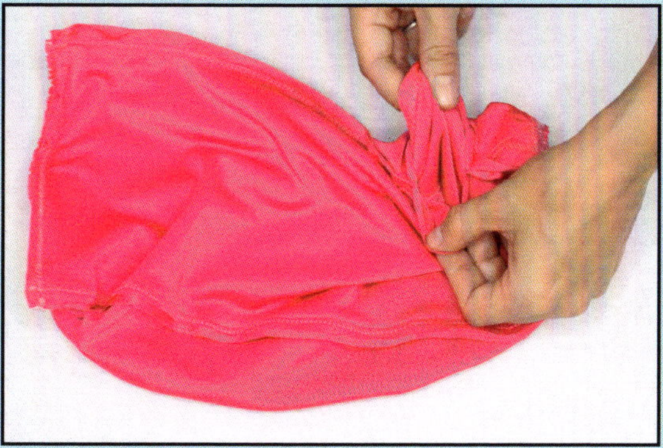

7 Durch die Wendeöffnung ziehst du die Stoffe nach außen.

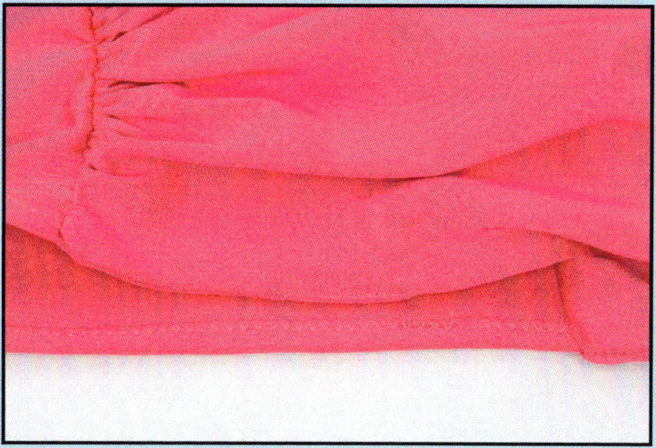

8 Schließe die Wendeöffnung, indem du die Nahtzugabe nach innen einschlägst und knappkantig am Rand entlang nähst. Alternativ kannst du die Öffnung mit einer unsichtbaren Naht per Hand schließen.

FLEDERMAUS-SHIRT

MATERIAL

leichte, fließende Stoffe: dünner Strick, Sommersweat, Viskose, Viskosejersey, Jersey

VERBRAUCH

ca. 1,5 m, je nach Länge und Breite

KÖRPERMASSE

- Schulterbreite
- Taille
- gewünschte Länge ab Schulter
- Hüftumfang

SCHNITTVORLAGEN

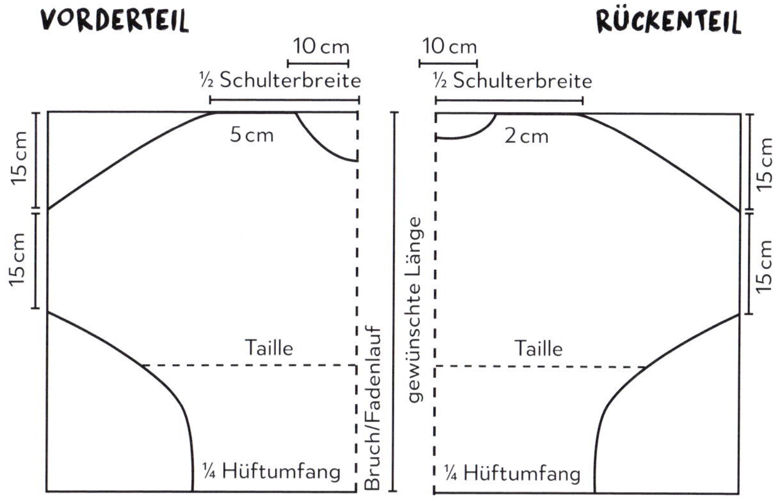

+ zzgl. 1 cm Nahtzugabe und 3 cm Saumzugabe

ZUSCHNITT

1x Vorderteil im Bruch
1x Rückenteil im Bruch

ANLEITUNG

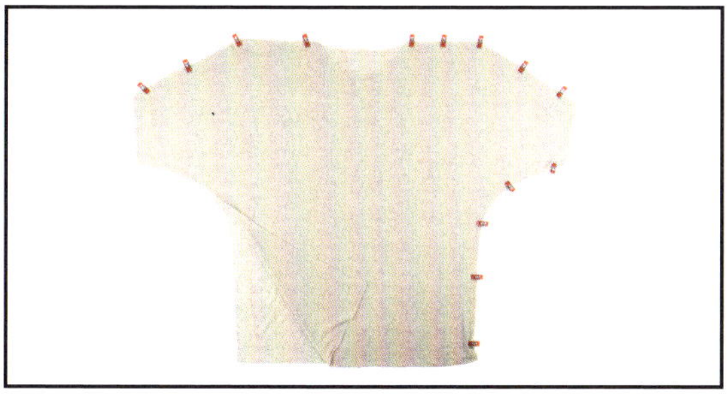

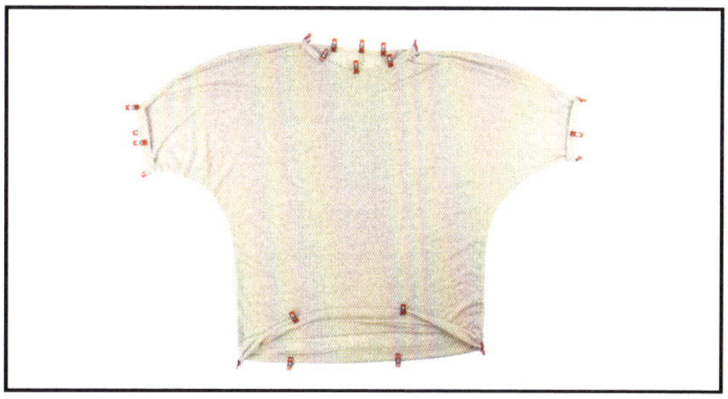

1 Lege das Vorderteil und Rückenteil rechts auf rechts aufeinander und nähe die Schultern und die Seiten zusammen.

2 Schlage die Kanten am Hals und den Ärmeln etwa 1 cm nach innen. Der Saum wird etwa 3 cm nach innen eingeschlagen und festgenäht.

CROP-SHIRT

MATERIAL
dehnbare Stoffe wie Jersey, Viskosejersey, Sommersweat

Gummiband

VERBRAUCH
Stoff: ca. 50 cm
Gummiband: ca. 70 x 3 cm

KÖRPERMASSE
- Schulterbreite
- gewünschte Länge
- Taillenumfang

SCHNITTVORLAGEN

VORDERTEIL

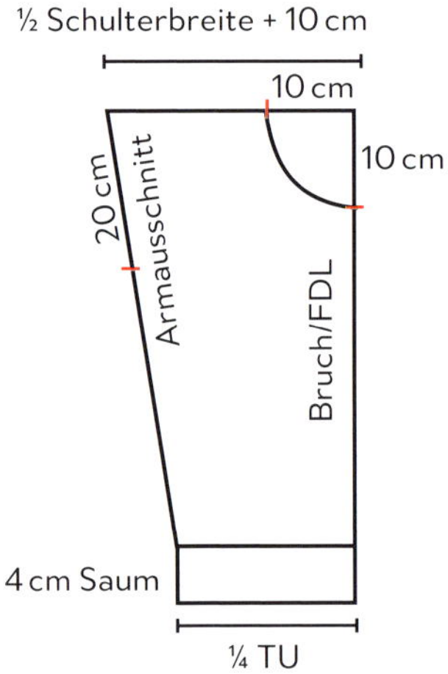

RÜCKENTEIL

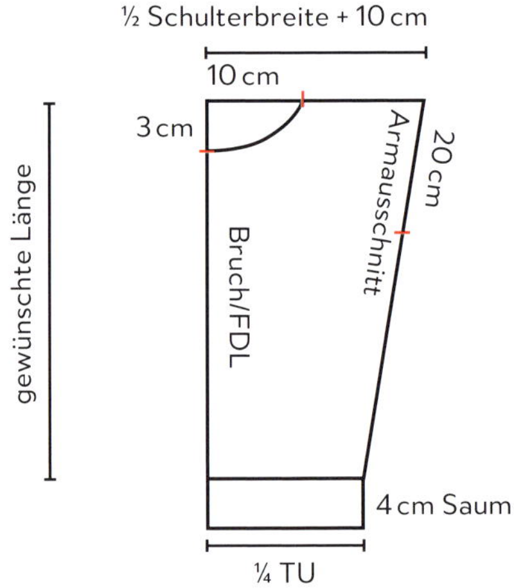

ZUSCHNITT
1x Vorderteil im Bruch
1x Rückenteil im Bruch
1x Gummiband in Länge des Taillenumfangs

ANLEITUNG

VIDEO

HALSAUSSCHNITT SÄUMEN

https://youtu.be/6lU_pmzOZbA

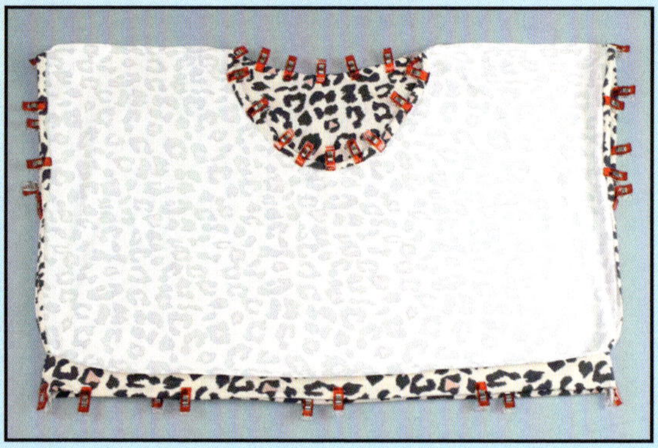

1 Lege das Vorderteil rechts auf rechts auf das Rückenteil und schließe die Schulternähte sowie die Seitennähte bis zur Markierung für den Armausschnitt (siehe Schritt 1 und 2 auf Seite 50 (Lässiges Shirt)).

2 Säume den Halsausschnitt und die Armausschnitte. Schlage dafür den Stoff ca. 1 cm nach innen ein und nähe die Kanten mit einem Zickzackstich fest. Schlage den Saum 4 cm nach innen und nähe ihn ebenso fest. Lasse dabei eine kleine Öffnung von ca. 2 cm.

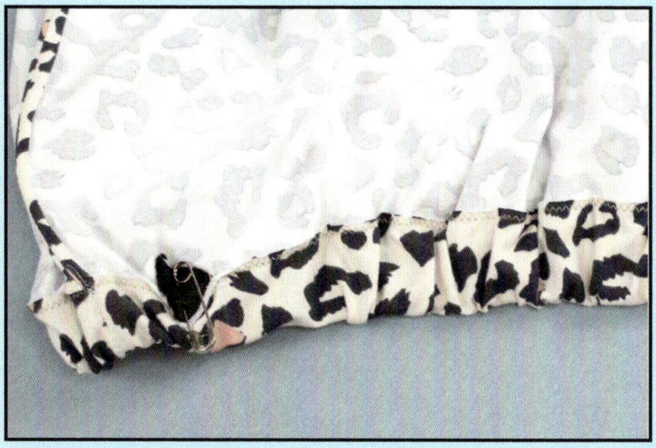

3 Ziehe das Gummiband mit einer Sicherheitsnadel durch die Öffnung im Saum und schiebe es einmal komplett durch den Tunnel.

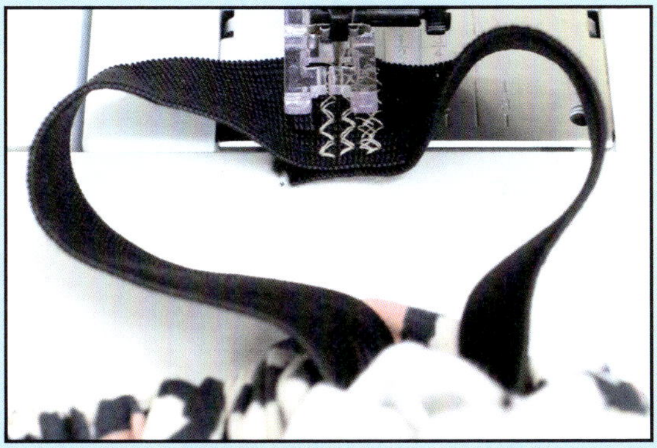

4 Nähe das Gummiband zusammen und schließe danach die Öffnung am Saum.

XXL-PULLI

MATERIAL

dehnbare Stoffe: Strickfleece, Jaquard, Jersey, Sweat

VERBRAUCH

ca. 1,8 m, je nach Länge

KÖRPERMASSE

- gewünschte Armlänge
- Schulterbreite
- Taille
- Hüftumfang
- gewünschte Länge ab Schulter

SCHNITTVORLAGEN

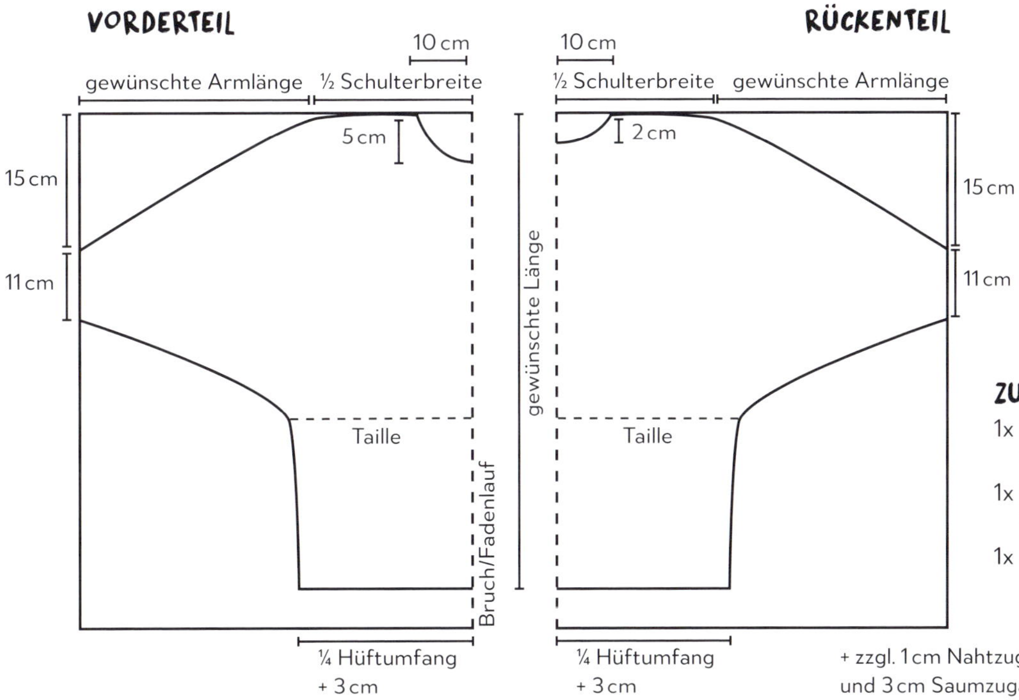

ZUSCHNITT

1x Vorderteil im Bruch
1x Rückenteil im Bruch
1x Gummiband (Hüftumfang)

+ zzgl. 1 cm Nahtzugabe und 3 cm Saumzugabe

ANLEITUNG

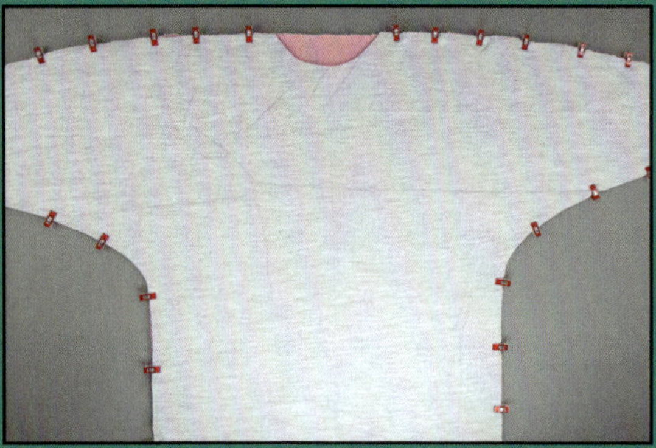

1 Lege die beiden Schnitteile rechts auf rechts aufeinander und schließe die Schultern und Seiten.

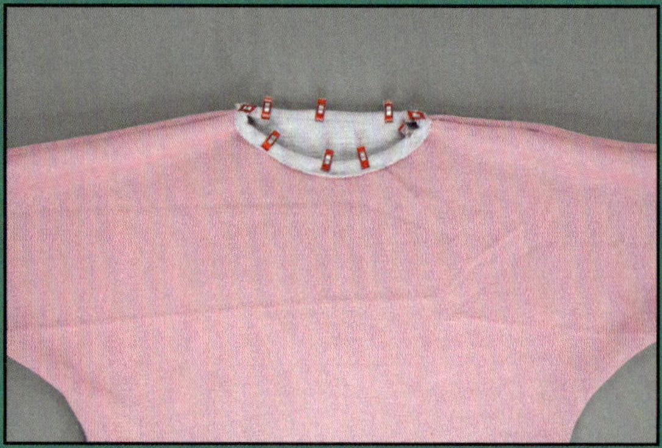

2 Säume den Halsausschnitt, indem du den Stoff ca. 1 cm nach außen schlägst und mit einem Zickzack-Stich festnähst.

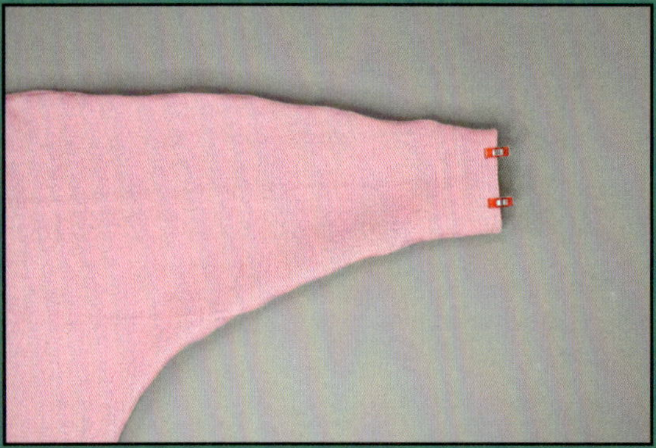

3 Säume die Ärmel, indem du sie ca. 3 cm nach innen einschlägst und festnähst.

VIDEO

NÄHEN MIT DOUBLEFACE

https://youtu.be/g8JkxG5-Vdg

TIPP

Wenn du mit Doubleface nähst, sieht dein Pulli von beiden Seiten toll aus. Wähle ein Nähgarn, dass zu beiden Farben passt, so kannst du ihn auch auf links tragen.

OBENRUM

T-SHIRT

MATERIAL

dehnbare Stoffe wie Jersey, Viskosejersey, Sommersweat

VERBRAUCH

Verbrauch ca. 1m

KÖRPERMASSE

- Schulterbreite
- gewünschte Länge ab Schulter
- Hüftumfang

SCHNITTVORLAGEN

VORDERTEIL | RÜCKENTEIL

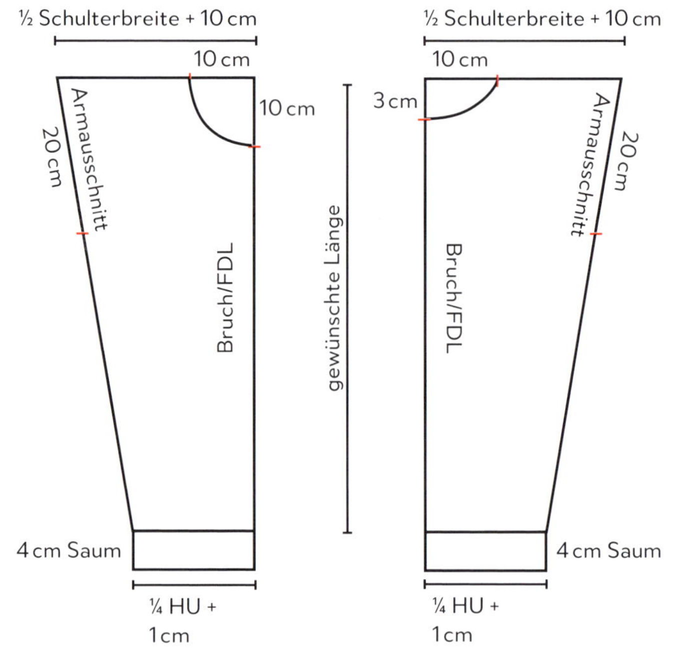

HALSBÜNDCHEN

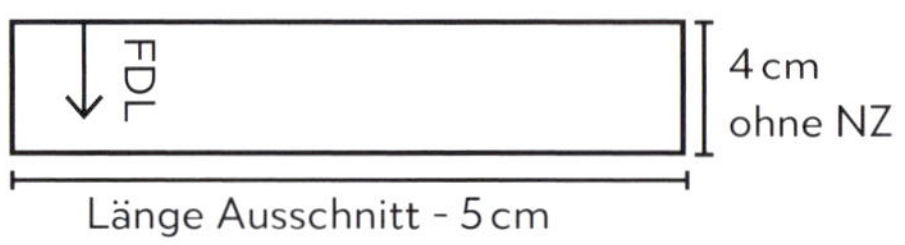

ÄRMELBÜNDCHEN

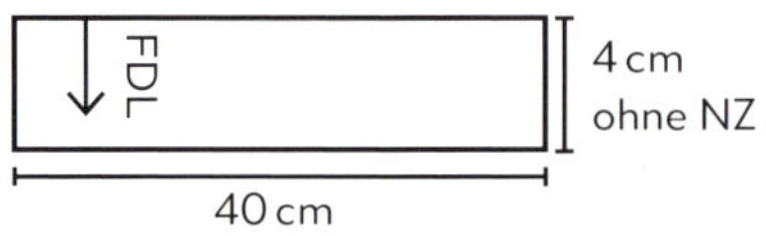

ZUSCHNITT

1x Vorderteil im Bruch
1x Rückenteil im Bruch
1x Halsbündchen
2x Ärmelbündchen

ANLEITUNG

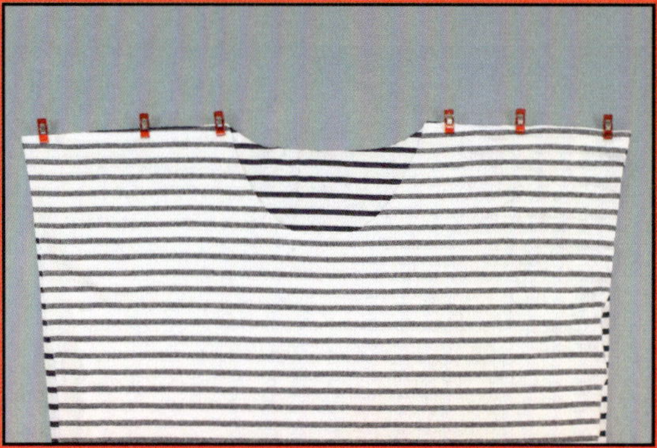

1 Lege das Vorderteil rechts auf rechts auf das Rückenteil und schließe die Schultern mit einer Naht.

2 Schließe die Seitennähte von unten nach oben bis zur Markierung für die Armausschnitte.

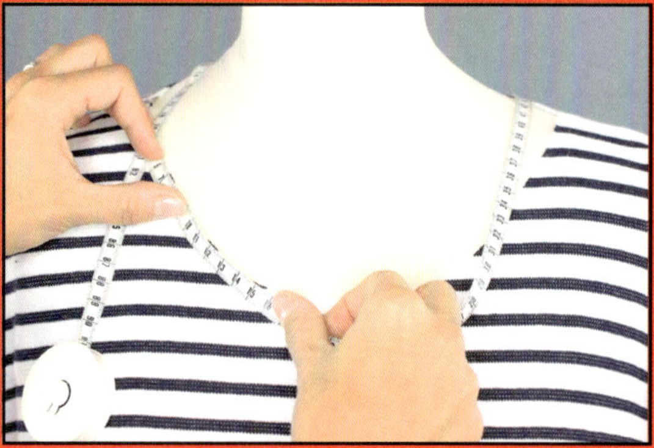

3 Miss die Länge deines Halsausschnittes und schneide das Halsbündchen entsprechend zu.

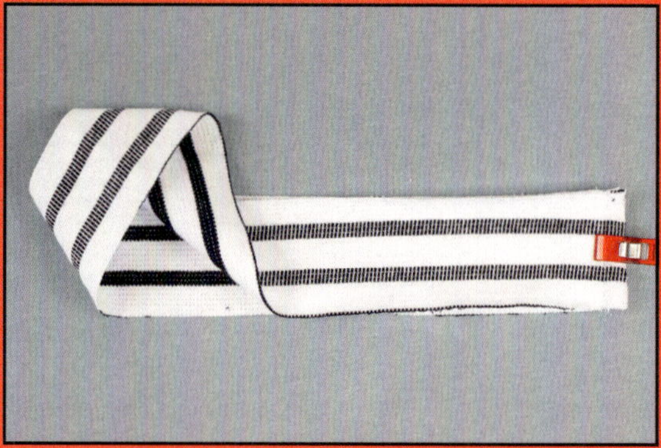

4 Schließe das Halsbündchen rechts auf rechts über die kurze Seite zu einem Ring.

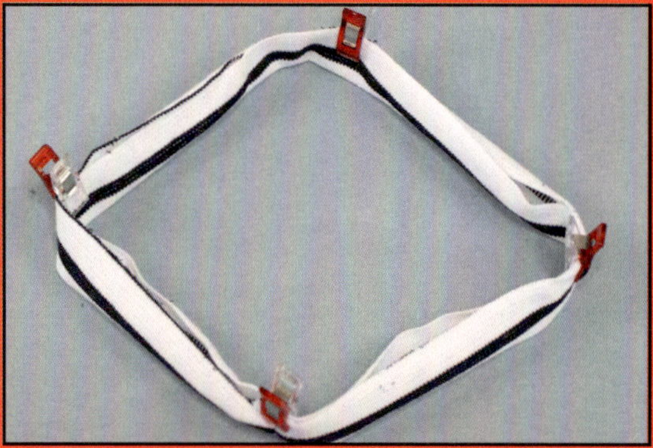

5 Falte das Halsbündchen über die lange Seite links auf links zusammen. Setze am Bündchen und am Halsausschnitt jeweils vier Markierungen im gleichen Abstand zueinander. Beginne beim Ausschnitt an der Schulternaht, an der die Naht des Bündchens sitzen wird.

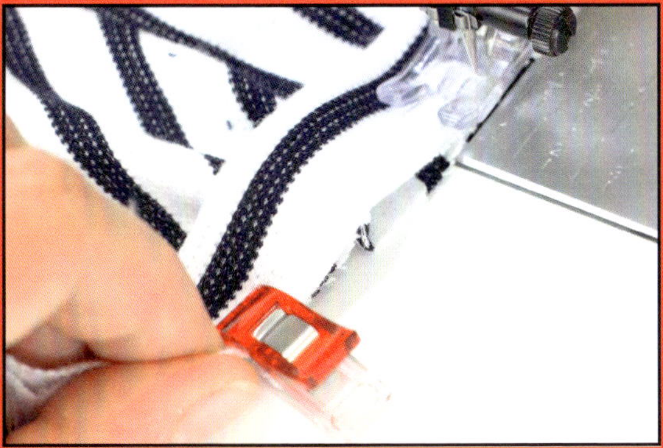

6 Stecke das Halsbündchen entsprechend der Markierungen gedehnt auf die rechte Seite des Shirts und nähe es fest.

VIDEO

HALSBÜNDCHEN ANNÄHEN

https://youtu.be/mQWFOpU_Lfg

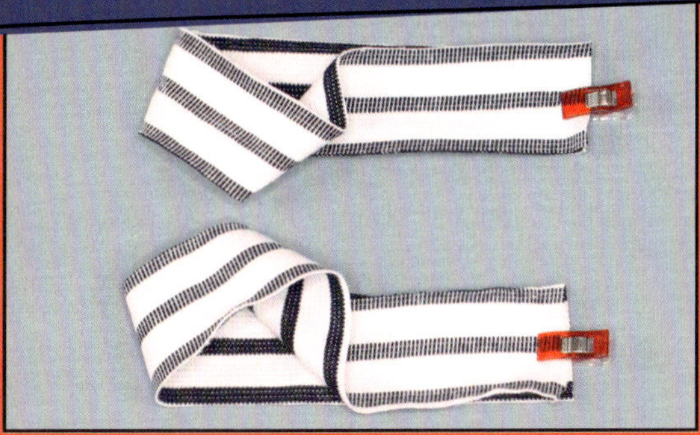

7 Steppe den Ausschnitt mit einem Zickzackstich knappkantig ab. Lege dazu die Nahtzugabe in Richtung des Shirts und nähe sie von außen fest.

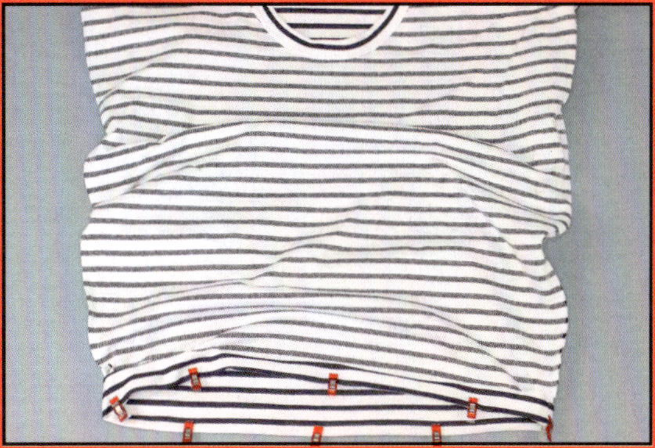

8 Nähe die Ärmelbündchen wie in Schritt 4-7 beschrieben an.

9 Lege den Saum ca. 3 cm nach innen und nähe ihn mit einem Zickzackstich fest, indem du einmal links und einmal rechts von der Kante einstichst.

TUBE-TOP

MATERIAL

dehnbare Materialien
wie Jersey, Viskosejersey

Gummiband

VERBRAUCH

Stoff: ca. 70 cm
Gummiband: ca. 1 m x 3 cm

KÖRPERMASSE

- Unterbrustumfang
- gewünschte Länge ab oberhalb der Brust

SCHNITTVORLAGEN

OBERTEIL

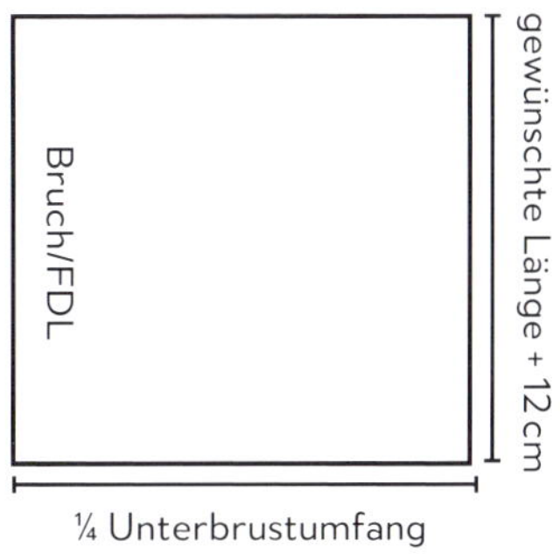

ZUSCHNITT

2x Oberteil im Bruch

ANLEITUNG

VIDEO

FAKEBÜNDCHEN NÄHEN

https://youtu.be/2LoZ8OBlfow

1 Lege die Oberteile rechts auf rechts aufeinander und schließe die Seitennähte.

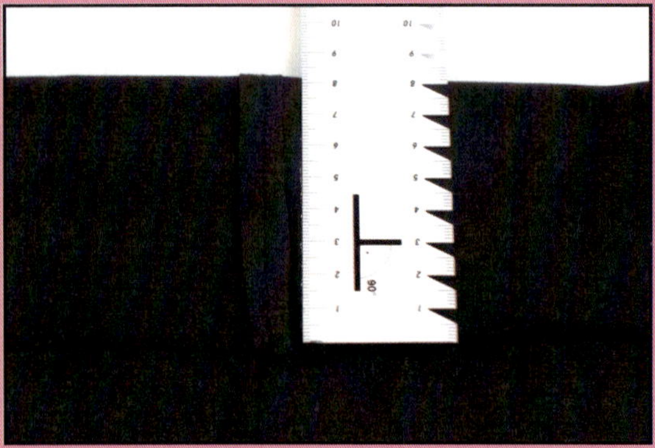

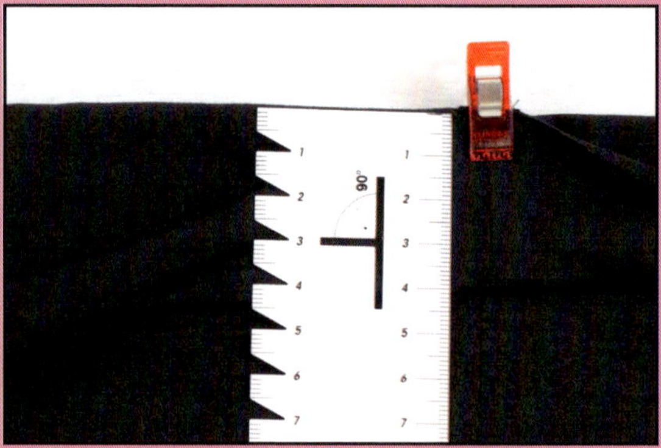

2 Schlage an der Seite, die später oberhalb der Brust ist, den Stoff um 8 cm rechts auf rechts um und falte 4 cm wieder zurück, sodass der Stoff dreilagig liegt.

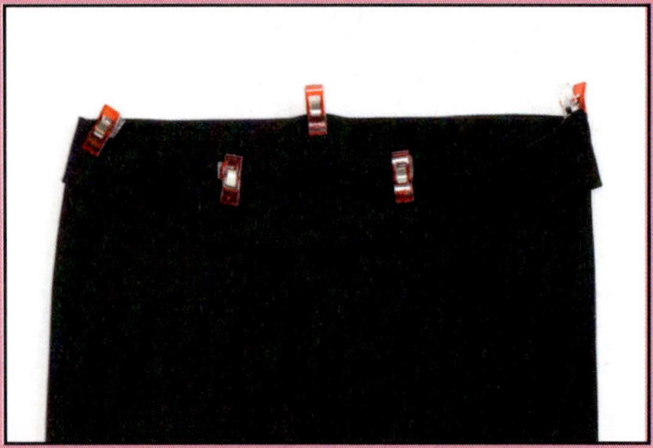

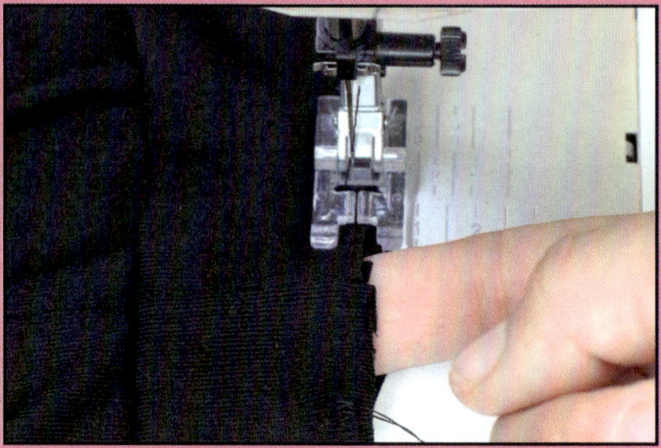

3 Steppe die offene Kante schmal ab, sodass ein Tunnel entsteht. Lass dabei eine Öffnung von ca. 4 cm, um das Gummiband einziehen zu können.

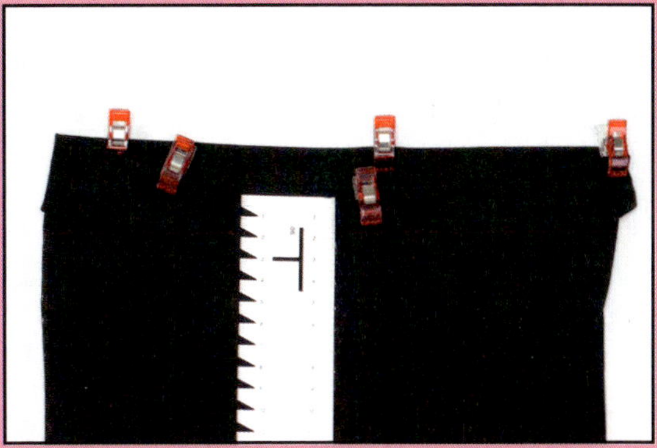

4 Ziehe das Gummiband mit einer Sicherheitsnadel durch den Tunnel und passe die Länge des Gummis dem Umfang oberhalb deiner Brust an. Nähe das Gummi zusammen und schließe die Öffnung.

5 Lege an der unteren Seite den Stoff ca. 4 cm nach innen und nähe den Saum mit einem Zickzackstich fest.

OVERSIZE-PULLI

MATERIAL

dehnbare Stoffe wie Jersey, Viskosejersey, Sweat

VERBRAUCH

Verbrauch ca. 1,5 m

KÖRPERMASSE

- Schulterbreite
- gewünschte Länge
- (z. B. Schulter bis Hüfte)
- Hüftumfang
- Armlänge

SCHNITTVORLAGEN

VORDERTEIL / RÜCKENTEIL

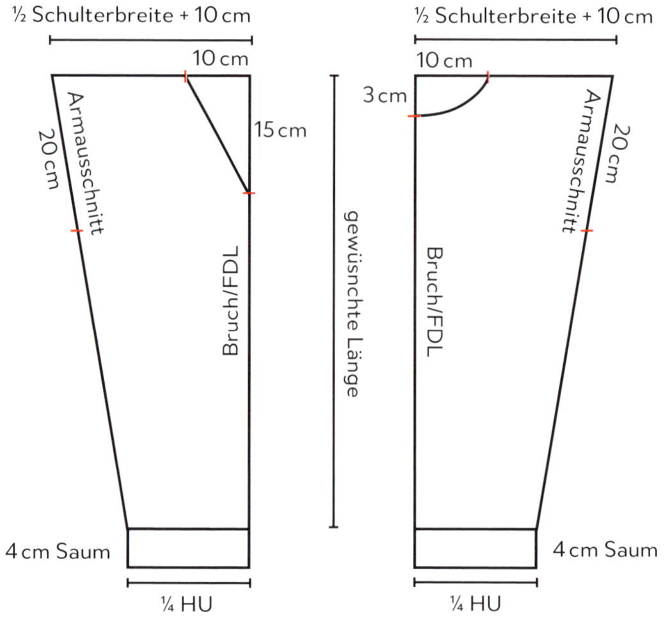

ÄRMEL

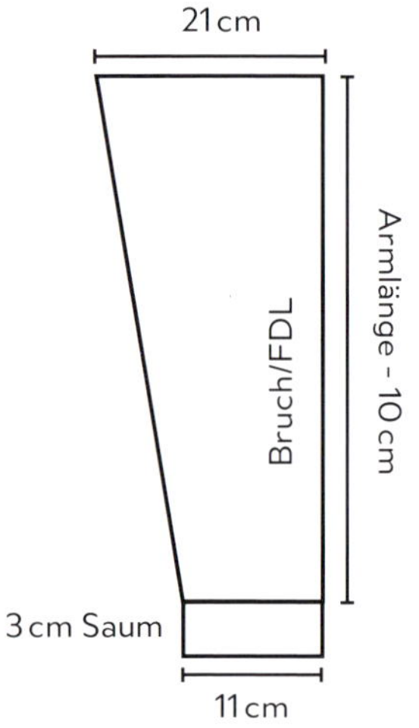

BÜNDCHEN

ZUSCHNITT

1x Vorderteil im Bruch
1x Rückenteil im Bruch
2x Ärmel im Bruch
1x Halsbündchen

ANLEITUNG

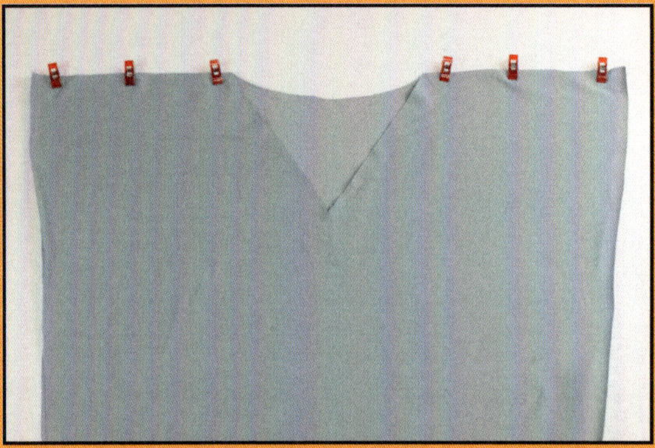

1 Lege das Vorderteil rechts auf rechts auf das Rückenteil und schließe die Schultern mit einer Naht.

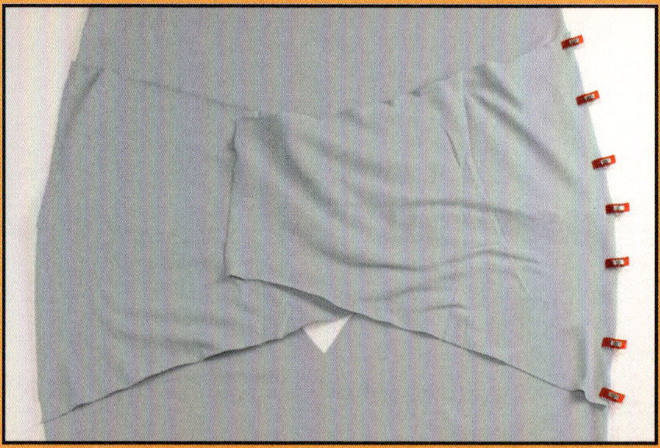

2 Falte Vorder- und Rückenteil auseinander und lege die Ärmel mit der Bruchkante rechts auf rechts auf die Schulternaht. Nähe die Ärmel fest.

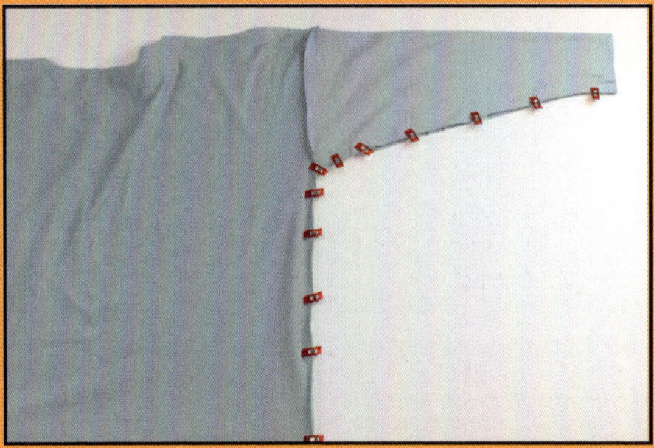

3 Lege den Pulli rechts auf rechts zusammen und schließe die jeweilige Seite und den Ärmel mit einer durchgehenden Naht.

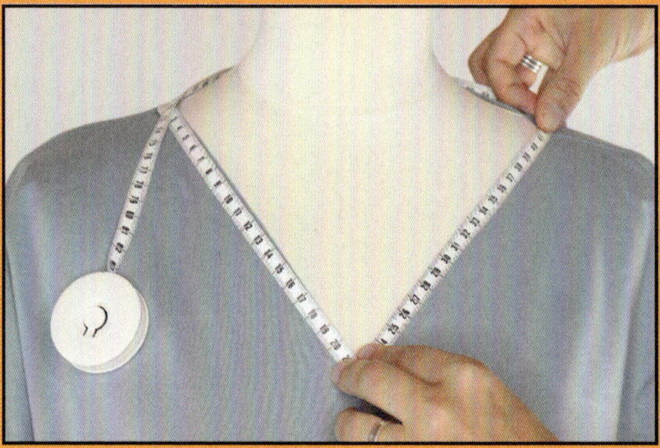

4 Miss die Länge deines Ausschnittes und schneide das Halsbündchen entsprechend zu.

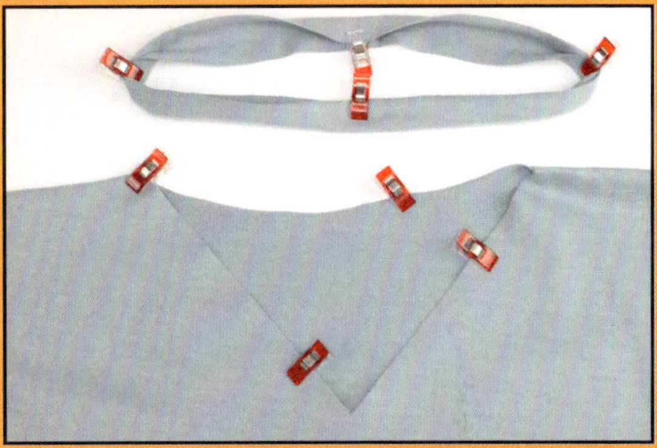

5 Schließe das Halsbündchen rechts auf rechts über die kurze Seite zu einem Ring.

6 Falte das Halsbündchen über die lange Seite links auf links zusammen. Setze am Bündchen und am Halsausschnitt jeweils vier Markierungen im gleichen Abstand zueinander. Beginne beim Ausschnitt an der Schulternaht, an der die Naht des Bündchens sitzen wird.

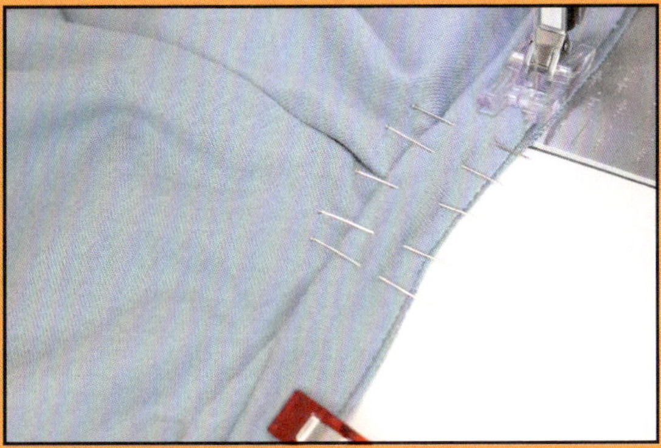

7 Stecke das Halsbündchen entsprechend der Markierungen gedehnt auf die rechte Seite des Pullis. Beim „V" vorne in der Mitte darf nicht gedehnt werden. Stecke das Halsbündchen hier exakt Kante auf Kante und fixiere es gut mit Nadeln. Unterhalb vom Halsbündchen entstehen kleine Falten. Achte darauf, beim „V" keine der Falten mit festzustecken. Nähe das Halsbündchen am Pulli fest.

VIDEO

V-AUSSCHNITT NÄHEN

https://youtu.be/J83mIlug_Pk

8 Falte das Vorderteil des Pullis rechts auf rechts im Bruch zusammen. Dadurch entsteht am Halsbündchen eine kleine „Nase“. Stecke dir diese mit einer Nadel in gerader Verlängerung zur Bruchkante fest und nähe auf dieser gedachten Linie entlang. Beginne dabei exakt an der Naht des Halsbündchens. Achte darauf, dass du nur das Halsbündchen abnähst und nicht den Stoff des Pullovers.

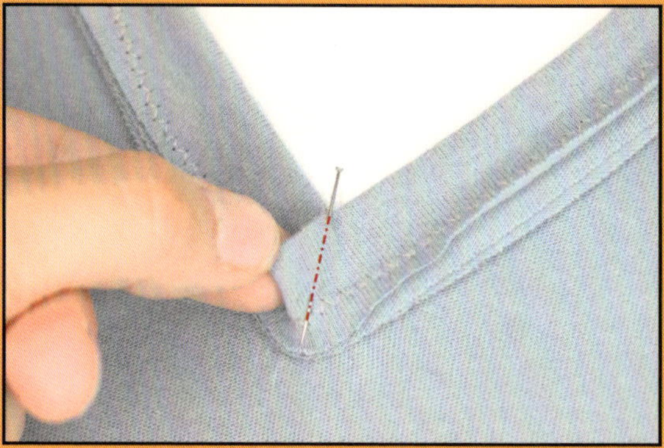

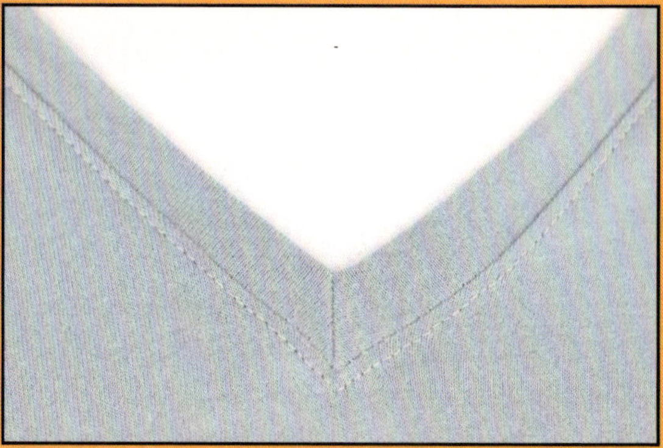

9 Den überstehenden Stoff schneidest du ab. Nähe noch einmal von außen knappkantig am Ausschnitt entlang. Die Nahtzugabe wird dabei in Richtung des Pullis gelegt und mit festgenäht.

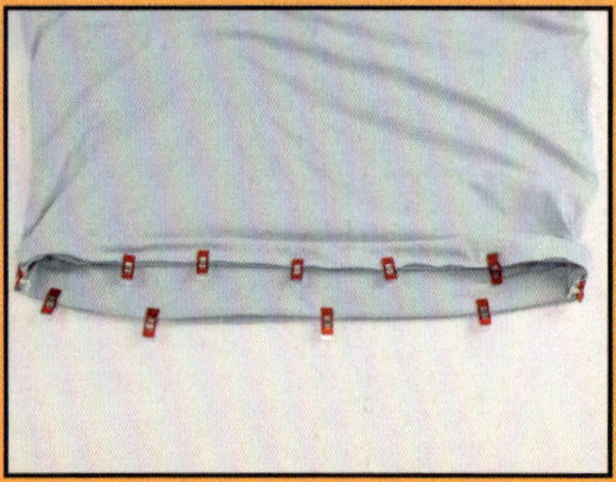

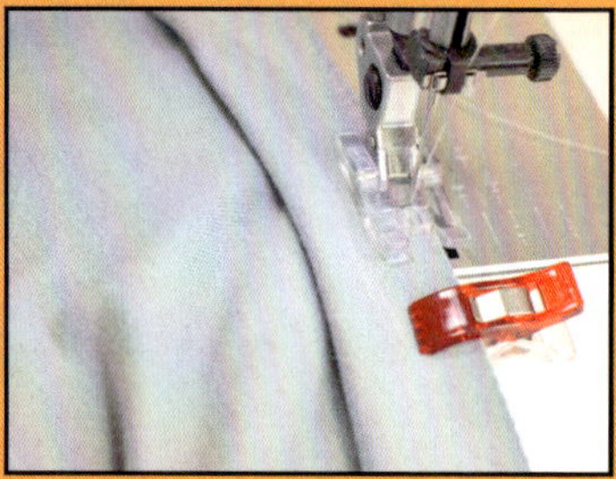

10 Schlage den Saum erst 4 cm rechts auf rechts um und danach wieder 2 cm zurück, sodass drei Lagen Stoff übereinander liegen. Nähe diese an der Kante zusammen. Falte das so entstandene Bündchen nach unten und nähe die Nahtzugabe von außen fest.

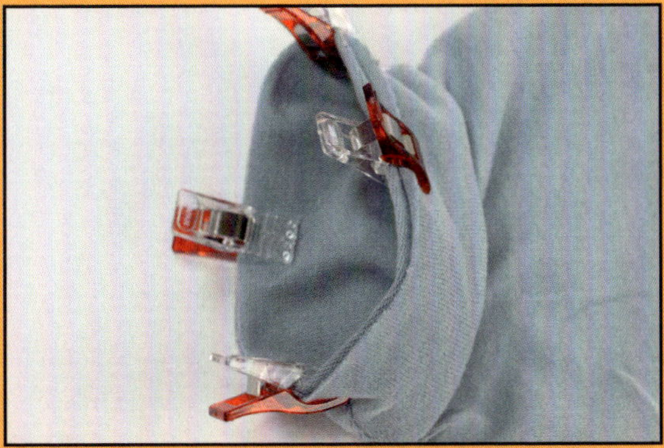

11 Schlage am Ärmel den Stoff 3 cm rechts auf rechts um und danach wieder 1,5 cm zurück. Nähe die drei Stoffschichten an der Kante zusammen und falte das so entstandene Bündchen nach außen.

VIDEO

FAKEBÜNDCHEN NÄHEN

https://youtu.be/2LoZ8OBIfow

SOMMER-PONCHO

MATERIAL
leichte Stoffe wie Viskose, Viskosejersey, Chiffon, Crêpe, Spitze, dünne Leinenstoffe

VERBRAUCH
Verbrauch ca. 1,5 m

KÖRPERMASSE
- Ellbogen bis Ellbogen oder Oberarmmitte bis Oberarmmitte (Breite)
- Schulter bis Hüfte oder bis Mitte Oberschenkel (Länge)
- Hüftumfang

SCHNITTVORLAGEN

PONCHO

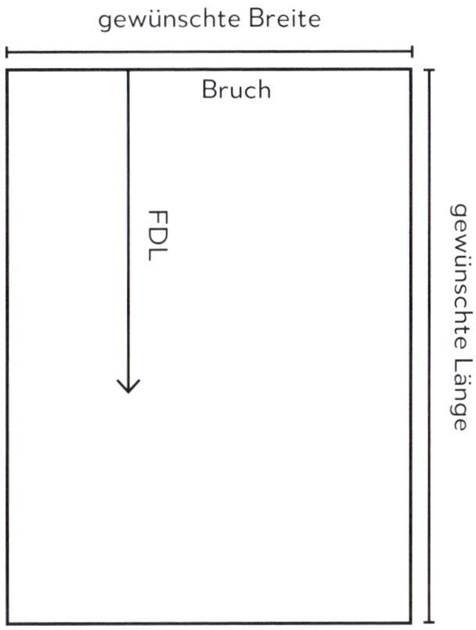

ZUSCHNITT
1x Poncho

ANLEITUNG

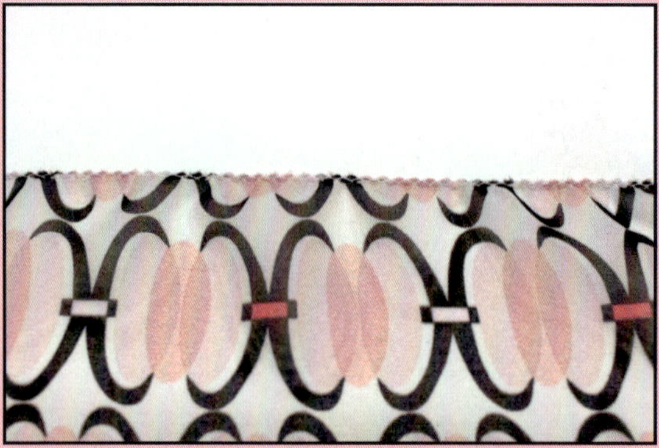

VIDEO

CHIFFON SÄUMEN

https://youtu.be/JRavzRyuzSo

1 Schneide bei einem Motivstoff den Stoff in der Bruchkante auseinander, drehe ein Teil um 180° und nähe die zwei Teile so zusammen, dass das Muster auf beiden Seiten richtig herum steht. Die Naht liegt später auf der Schulter. Versäubere alle Kanten, indem du die Fadenspannung etwas erhöhst und einen schmalen Zickzackstich sowie eine kürzere Stichlänge wählst.

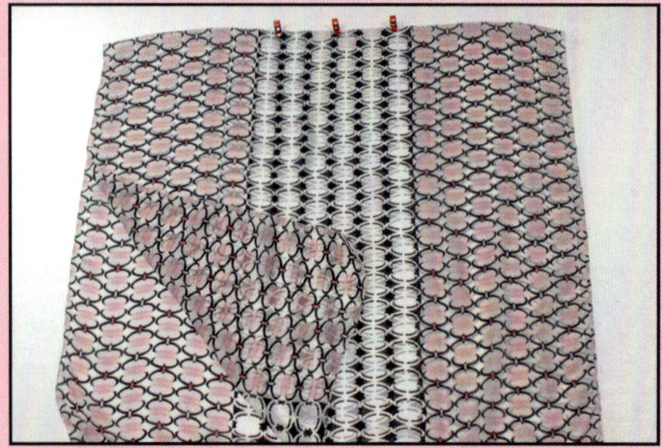

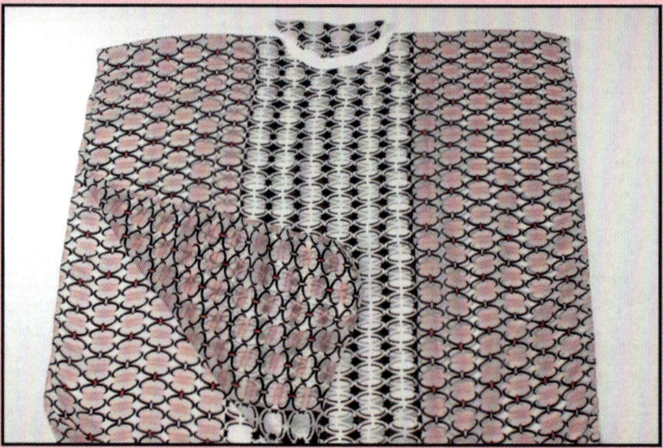

2 Lege den Stoff links auf links zusammen, suche dir die Mitte in der Bruchkante und markiere von dort je 10 cm zu den Seiten. Schneide einen Halbkreis von etwa 5 cm Tiefe aus.

3 Versäubere den Halsausschnitt wie die Seitennähte oder schlage den Stoff jeweils 1 cm nach innen um und nähe ihn fest.

4 Suche dir die Mitte des Saumes. Markiere von dort aus in beide Richtungen die Hälfte von deinem Hüftumfang + 10 cm. Nähe die Vorder- und Rückseite von unten nach oben bis ca. 30 cm vor der Bruchkante bzw. Schulternaht zusammen.

LANGARM-TOP

MATERIAL

dehnbare Stoffe wie Jersey, Viskosejersey

VERBRAUCH

Verbrauch 1–1,5 m

KÖRPERMASSE

- Schulterbreite
- gewünschte Länge (z. B. Schulter bis Hüfte)

SCHNITTVORLAGEN

VORDER-/RÜCKENTEIL

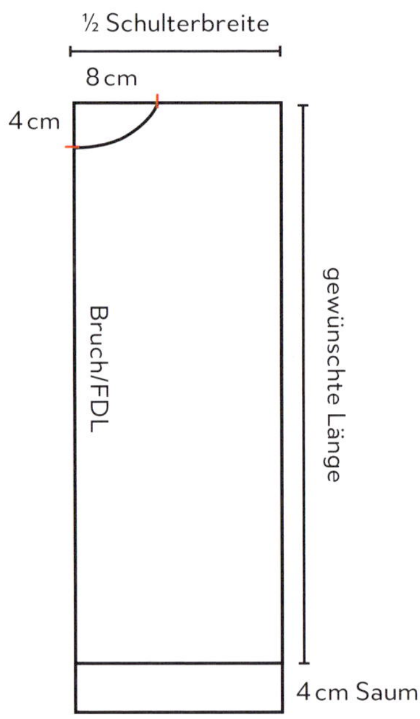

ÄRMEL

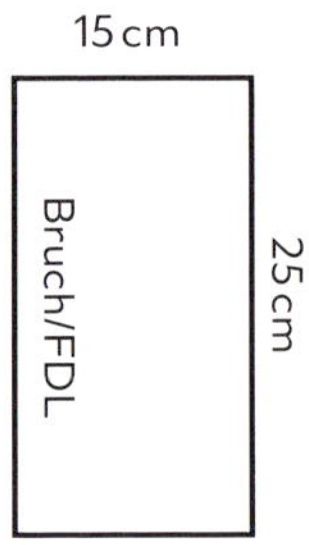

ZUSCHNITT

1x Vorderteil im Bruch
1x Rückenteil im Bruch
2x Ärmel im Bruch

OBENRUM

ANLEITUNG

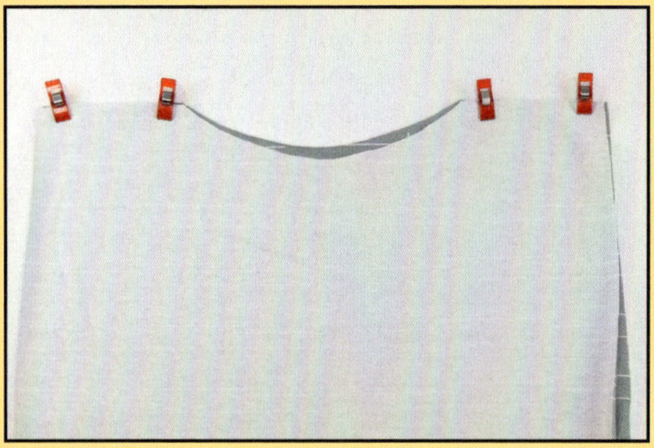

1 Lege das Vorderteil rechts auf rechts auf das Rückenteil und schließe die Schulternähte.

2 Falte Vorder- und Rückenteil auseinander und lege die Ärmel mit der Bruchkante rechts auf rechts auf die Schulternaht. Nähe die Ärmel fest.

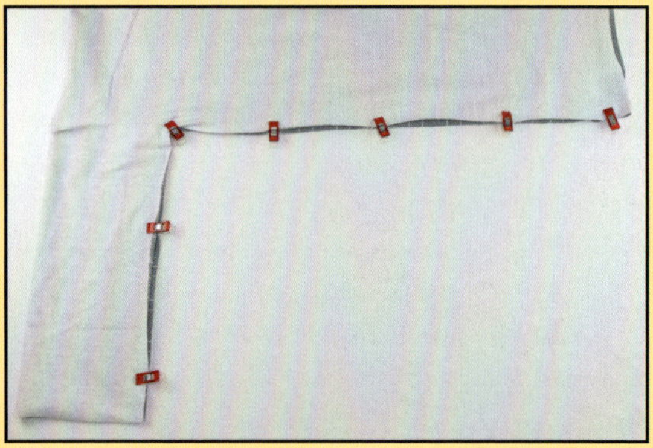

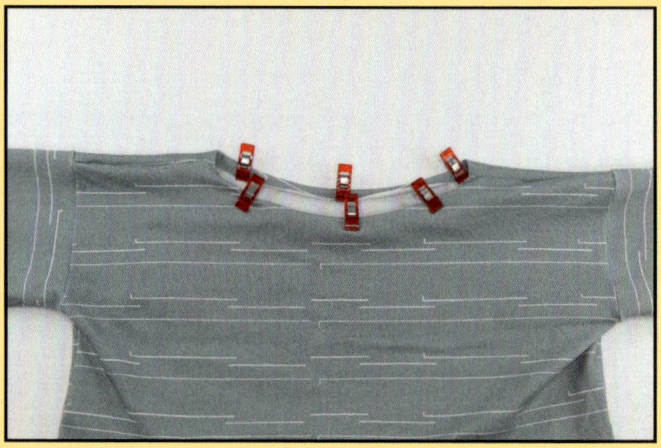

3 Lege das Vorderteil auf das Rückenteil und schließe die Seiten und die Ärmel jeweils mit einer durchgehenden Naht.

4 Schlage den Halsausschnitt 1 cm nach innen ein und nähe ihn mit einem elastischen Stich fest.

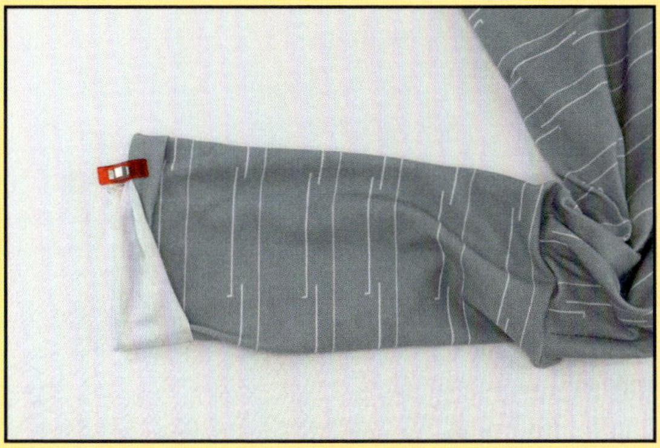

5 Schlage die Ärmel erst 4 cm rechts auf rechts um und danach wieder 2 cm zurück, sodass drei Lagen Stoff übereinander liegen. Nähe diese an der Kante mit einem elastischen Stich zusammen. Falte danach das so entstandene Bündchen zurück.

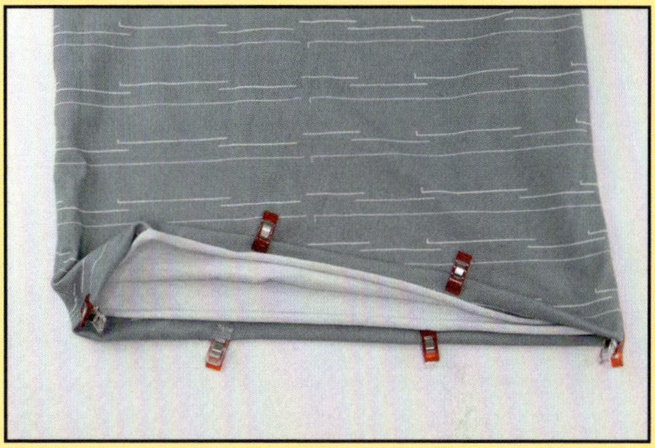

6 Säume das Shirt, indem du es unten ca. 2 cm nach innen einschlägst und dann im Abstand von 1,5 cm festnähst.

VIDEO

FAKEBÜNDCHEN / FAULES BÜNDCHEN NÄHEN

https://youtu.be/2LoZ8OBIfow

UNTEN-
RUM

LANGE HOSE

MATERIAL

alle Stoffe, bei engeren Hosen dehnbare Stoffe: Jersey, Lederjersey, Sweat, Baumwollstoffe

Gummiband, 4 cm breit

VERBRAUCH

ca. 1 m, je nach Länge

SCHNITTVORLAGEN

VORDERTEIL **RÜCKENTEIL**

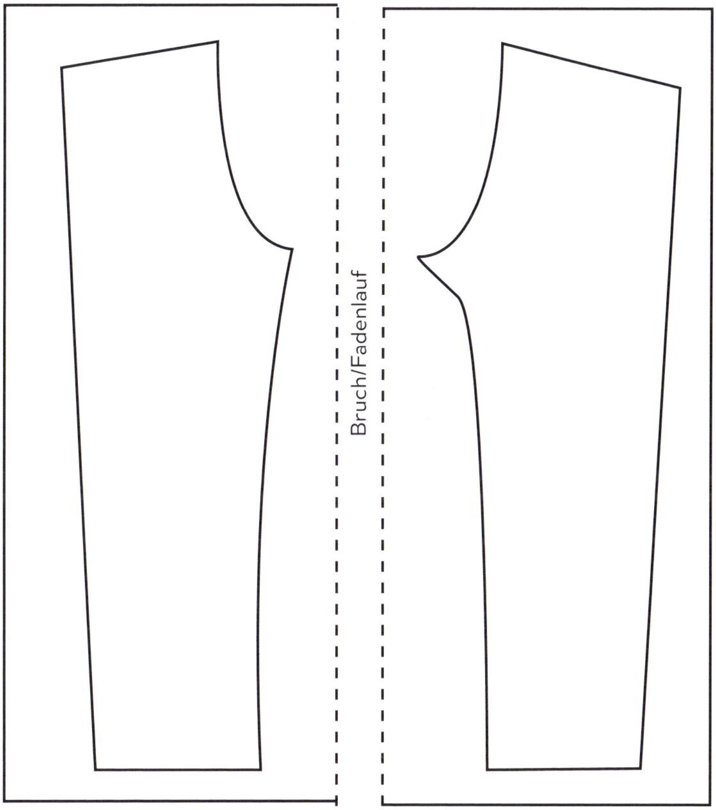

+ zzgl. 1 cm Nahtzugabe, 3 cm Saumzugabe

ZUSCHNITT

2x Vorderteil
2x Rückenteil
1x Bauchbund im Bruch
2x Beinbündchen im Bruch
1x Gummiband (Hüftumfang)

BEINBÜNDCHEN

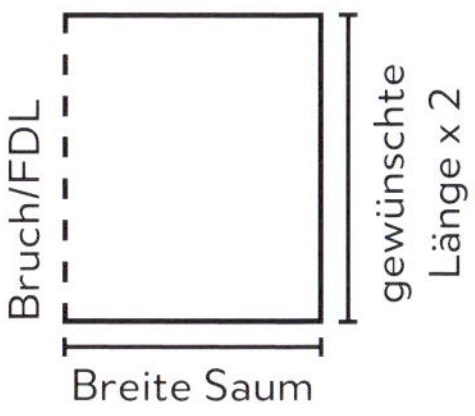

BUND

Wenn der Bund nur eingeschlagen und ein schmales Gummiband durchgezogen werden soll, brauchst du dieses Schnittteil nicht. Einfach oben am Bund 4 cm dazugeben.

VORBEREITUNG

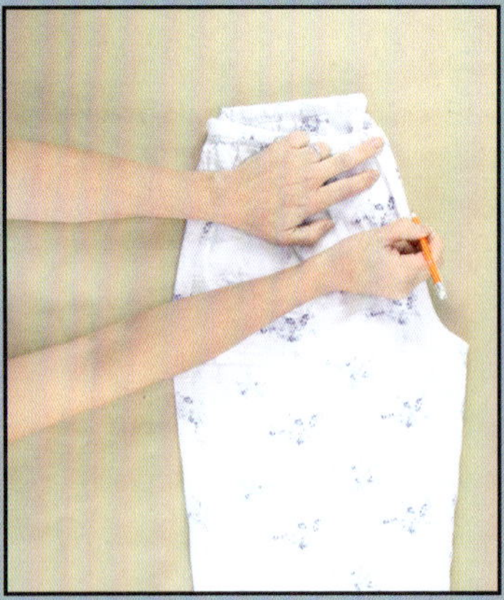

Für den Schnitt brauchst du eine dir passende, nicht zu eng sitzende Hose als Vorlage. Stülpe das linke Hosenbein links auf links in das rechte Hosenbein, sodass du nur noch ein Vorderteil (kurze „Spitze") und ein rückwärtiges Teil (lange „Spitze") erkennst. Diese beiden Teile zeichnest du einzeln ab. Ziehe dabei den Bund so weit auseinander, bis der Stoff ungedehnt auf dem Papier liegt. Beim rückwärtigen Teil musst du den Stoff etwas schieben, da er sich nicht glatt auflegen lässt.

Achtung: Die jeweiligen äußeren (Außennaht) und inneren Seiten (Schrittnaht) müssen gleich lang sein.

Übertrage die Schnittteile mit 1 cm Nahtzugabe auf den Stoff. Am unteren Ende fügst du 3 cm Nahtzugabe hinzu. Wenn du mit Beinbündchen nähst, kürze den Saum unten um 3 cm.

ANLEITUNG

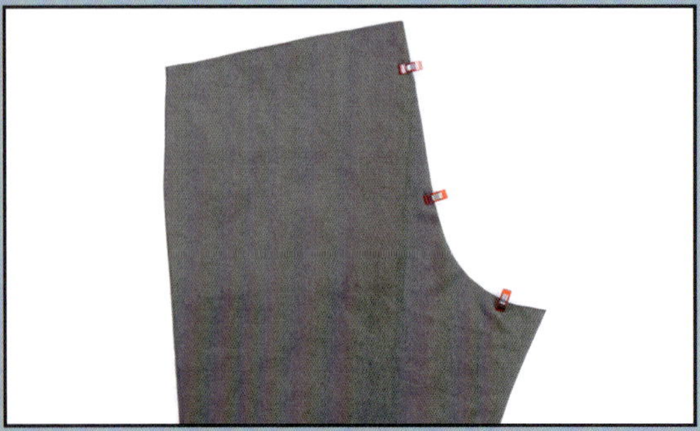

1 Nähe die beiden Vorder- und Rückenteile rechts auf rechts zusammen.

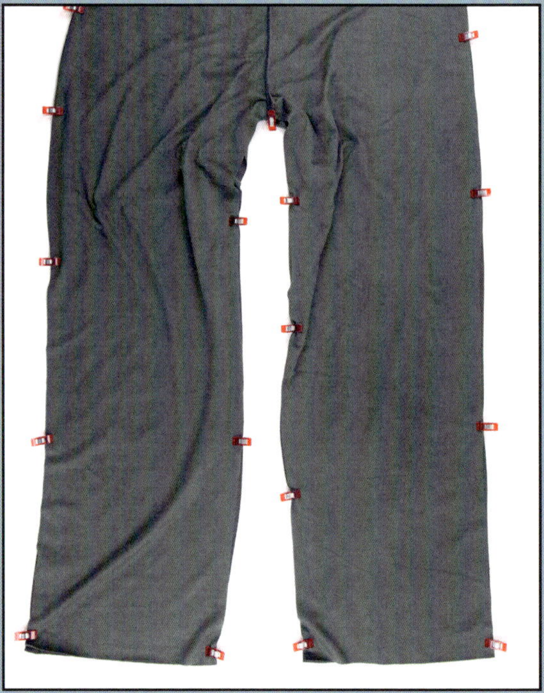

2 Klappe die Teile auseinander, lege das Vorderteil rechts auf rechts auf das Rückenteil und schließe die Seiten. Stecke dabei die Schrittnaht von der Mitte beginnend zu den Seiten zusammen. Nähe von einem Hosenbein über die Mitte zur anderen Seite in einem durch.

TIPP

Eine Hose mit Beinbündchen eignet sich auch perfekt für Yoga.

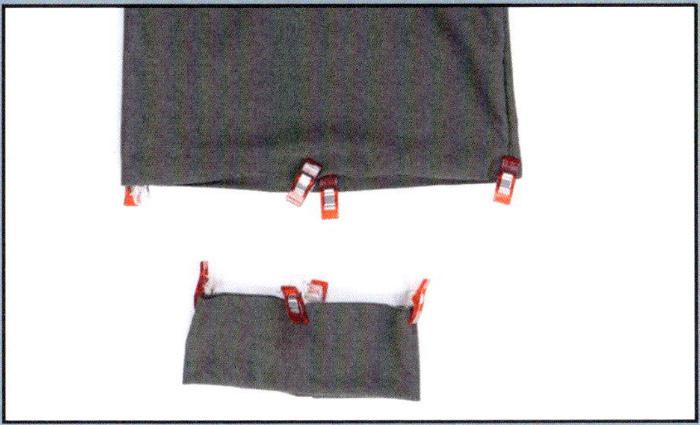

3 Wenn du nur säumen möchtest, dann schlage den Stoff etwa 3 cm nach innen und nähe ihn fest. Für die Bündchenvariante nähst du die Beinbündchen rechts auf rechts über die kurze Seite zusammen, legst sie links auf links zur Hälfte zu einem Ring, stülpst sie gleichmäßig über den Saum und nähst sie rundherum fest.

4 Länge von 10 cm und der gemessenen Breite zu. Schließe den Streifen über die kurze Seite zu einem Ring, lege den Stoff links auf links zur Hälfte zusammen und viertele dir den Bund. Unterteile auch die Hose in 4 gleiche Abstände.

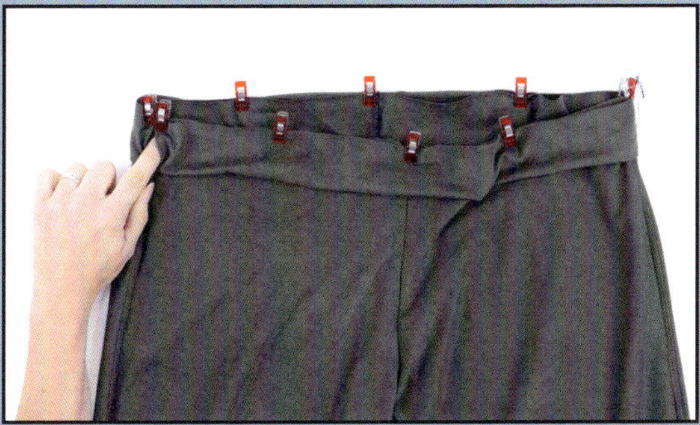

5 Stülpe den Bund rechts auf rechts über die Hose und bringe die Markierungen übereinander. Nähe den Bund an der Hose fest. Lasse dabei eine Öffnung von ca. 4 cm.

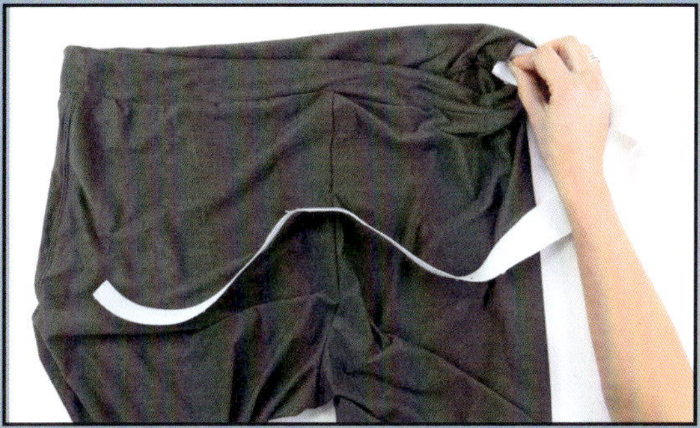

6 Ziehe durch die Öffnung ein Gummiband ein, nähe es zusammen und schließe im Anschluss die Öffnung.

BLEISTIFT ROCK

MATERIAL

feste Stoffe: Baumwollstoffe, Cord, Wendepailletten, Wollstoffe

Nahtverdeckter Reißverschluss

VERBRAUCH

Stoff: ca. 1 m
ca. 20 cm für den Beleg

Reißverschluss: 20 cm

KÖRPERMASSE

- Taille
- Hüftumfang
- gewünschte Länge

SCHNITTVORLAGEN

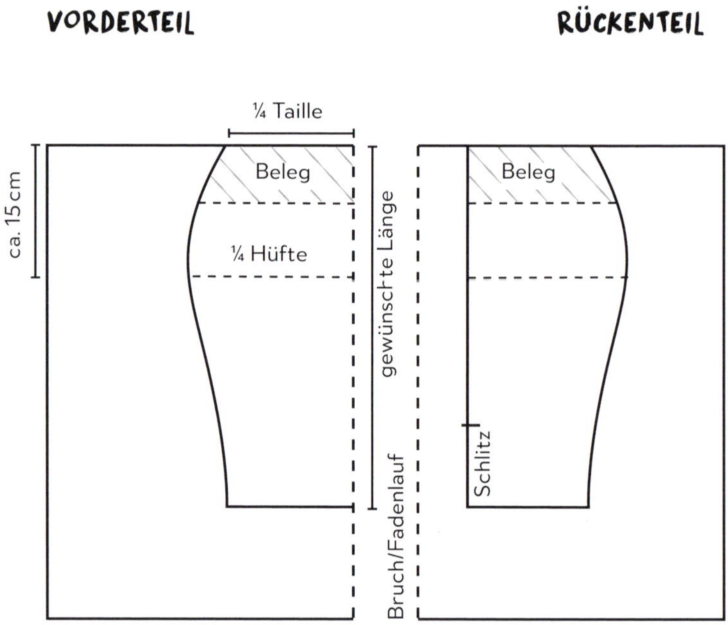

ZUSCHNITT

1x Vorderteil im Bruch
2x Rückenteil (gegengleich)
2x Beleg

+ zzgl. 1 cm Nahtzugabe und 3 cm Saumzugabe

ANLEITUNG

VIDEO

NAHTVERDECKTEN REISSVERSCHLUSS EINNÄHEN

https://youtu.be/nyovspflzt8

1 Lege den Reißverschluss rechts auf rechts bündig am oberen Ende der langen geraden Seite auf ein Teil des rückwärtigen Rockes, sodass du die Zähnchen sehen kannst. Nähe ihn fest. Am besten geht das mit einem Nähfüßchen für nahtverdeckte Reißverschlüsse oder einem Kantennähfuß.

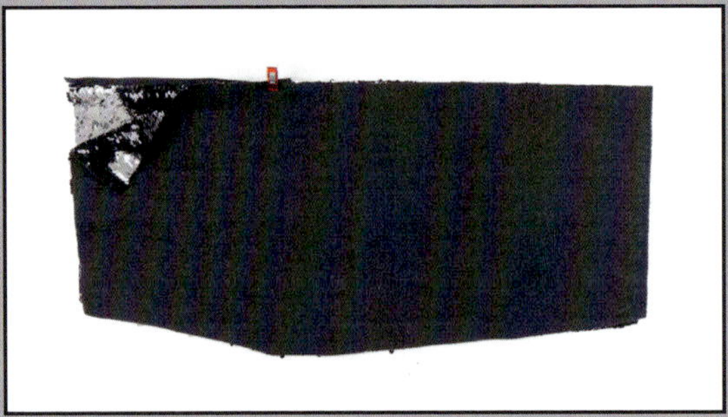

2 Lege das zweite rückwärtige Rockteil rechts auf rechts genau bündig auf das andere Teil und stecke den Reißverschluss fest. Danach kannst du die Teile auseinander klappen und den Reißverschluss festnähen.

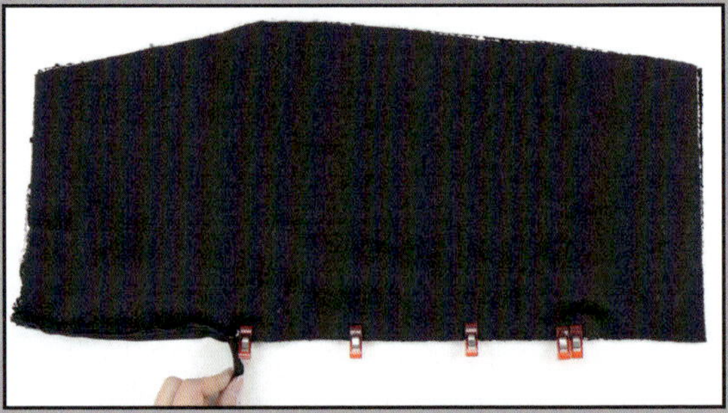

3 Schließe die rückwärtige Naht vom Ende des Reißverschlusses bis ca. Kniehöhe. Der untere Teil bleibt für einen Schlitz offen.

4 Schlage am Schlitz die Nahtzugaben nach innen und nähe sie von außen fest.

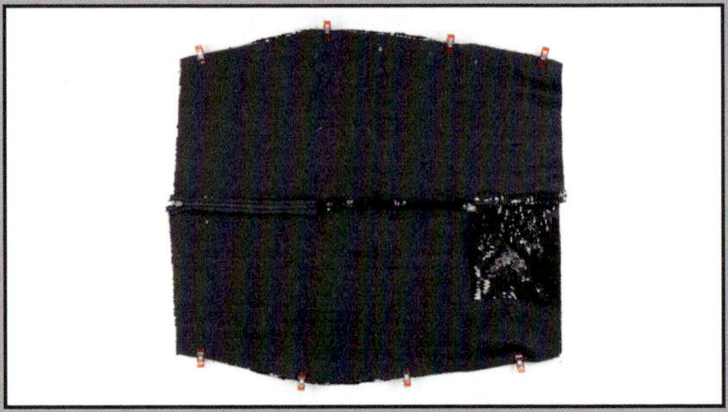

5 Lege das rückwärtige Rockteil rechts auf rechts auf das vordere und schließe die Seiten.

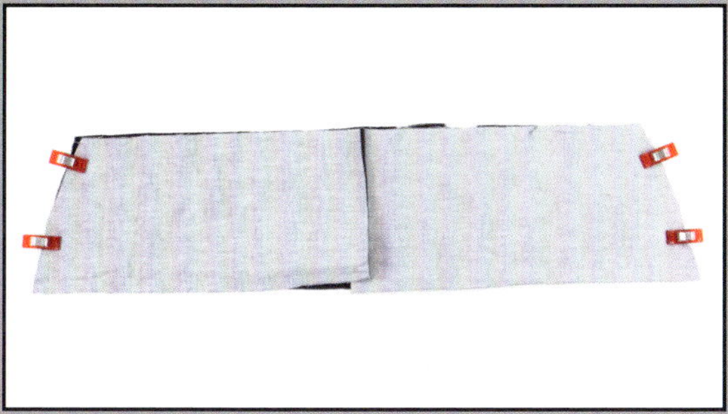

6 Lege die Belegteile rechts auf rechts zusammen und schließe die Seiten.

7 Stülpe den Beleg rechts auf rechts über den Rock und nähe ihn zuerst an der oberen Kante rundherum fest. Der Reißverschluss ist dabei geöffnet und die glatte Seite zur Mitte geklappt.

8 Lege die seitlichen Kanten des Belegs bündig an die glatte Kante des Reißverschlusses und nähe ihn fest. Dabei nicht über die Zähnchen drüber nähen.

9 Stülpe den Beleg in das Rockteil, forme dabei die Ecken am Reißverschluss gut aus. Säume die untere Rockkante.

TIPP

Nutze die Reste des Paillettenstoffes, um dir ein passendes Accessoire zu nähen.

Aus Reststücken des Pailettenstoffs kannst du dir eine passende kleine Tasche nähen. Schneide dir dafür zwei Rechtecke zu, nähe an der oberen Seite einen Reißverschluss ein, lege die Stoffhälften bei geöffnetem Reißverschluss rechts auf rechts und nähe alle drei Seiten zusammen. Trendige Ketten findest zu z. B. im Baumarkt.

KURZE HOSE

MATERIAL

alle Stoffe, bei engeren Hosen dehnbare Stoffe: Jersey, Lederjersey, Sweat, Baumwollstoffe

Gummiband, 3 – 4 cm breit

VERBRAUCH

Stoff: ca. 0,5 – 1 m, je nach Länge

Gummiband: ca. 1 – 1,5 m

SCHNITTVORLAGEN

VORDERTEIL

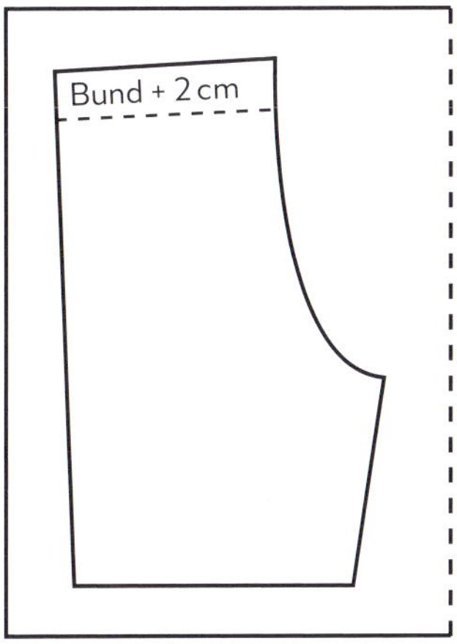

RÜCKENTEIL

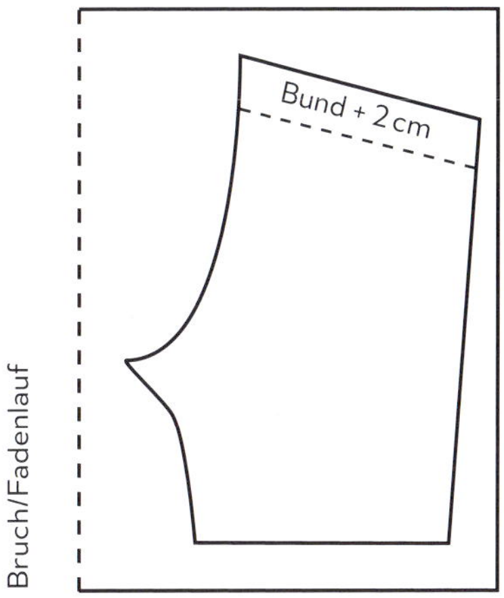

+ zzgl. 1 cm Nahtzugabe und 3 cm Saumzugabe

ZUSCHNITT

2x Vorderteil
2x Rückenteil
1x Gummiband (Hüftumfang

VORBEREITUNG

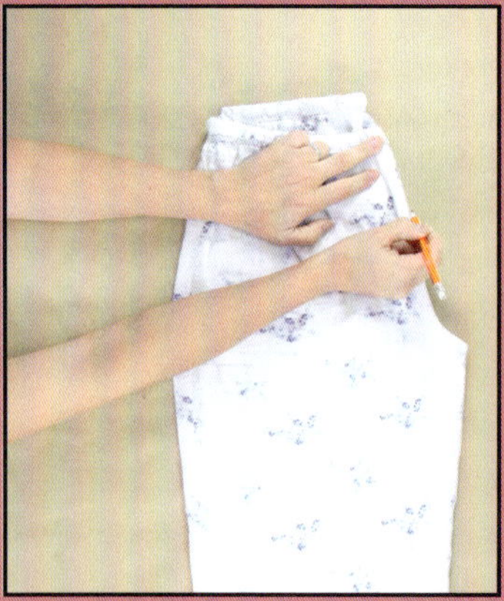

Für den Schnitt brauchst du eine dir passende, nicht zu eng sitzende Hose als Vorlage. Stülpe das linke Hosenbein links auf links in das rechte Hosenbein, sodass du nur noch ein Vorderteil (kurze „Spitze") und ein rückwärtiges Teil (lange „Spitze") erkennst. Diese beiden Teile zeichnest du einzeln ab. Ziehe dabei den Bund so weit auseinander, bis der Stoff ungedehnt auf dem Papier liegt. Beim rückwärtigen Teil musst du den Stoff etwas schieben, da er sich nicht glatt auflegen lässt.

Achtung: Die jeweiligen äußeren (Außennaht) und inneren Seiten (Schrittnaht) müssen gleich lang sein.

Übertrage die Schnittteile mit 1 cm Nahtzugabe auf den Stoff. Am unteren Ende fügst du 3 cm Nahtzugabe hinzu. Wenn du mit Beinbündchen nähst, kürze den Saum unten um 3 cm.

ANLEITUNG

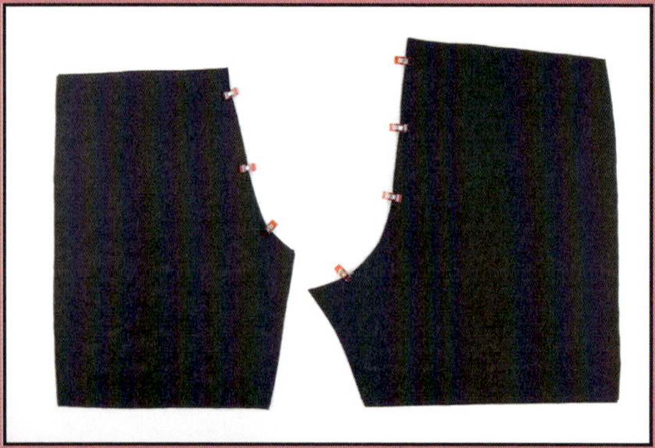

1 Nähe die beiden Vorder- und Rückenteile jeweils rechts auf rechts zusammen.

2 Klappe die Teile auseinander, lege das Vorderteil rechts auf rechts auf das Rückenteil und schließe die Seiten.

3 Stecke die Schrittnaht von der Mitte beginnend zu den Seiten zusammen. Nähe von einem Hosenbein über die Mitte zur anderen Seite in einem durch.

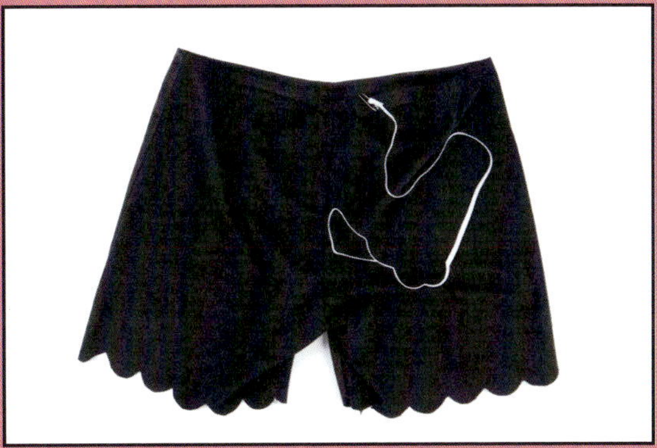

4 Wenn du einen Stoff hast, der nicht ausfranst (z. B. Lederjersey) muss du nicht säumen. Du kannst dir z. B. ein Wellenmuster schneiden.

5 Schlage den Bund ca. 2 cm nach innen um und nähe ihn fest. Lasse eine Öffnung von ca. 4 cm, durch das im Anschluss das schmale Gummi eingezogen wird. Schließe die Öffnung danach.

STYLINGTIPP

Die kurze Hose passt super zum Rollkragenshirt von Seite 32 oder zu anderen ärmellosen Tops.

ROCK

MATERIAL

leichte bis mittelschwere Baumwollstoffe oder dehnbare Stoffe wie Jersey, Viskosejersey

Bündchenstoff (Schlauchware)

ggf. Gummiband

VERBRAUCH

Stoff: ca. 1 m (= Länge bis knapp oberhalb des Knies)

Bündchen: 20 cm (bei einem Taillenumfang von mehr als 80 cm liegt der Verbrauch bei 40 cm)

ggf. Gummiband ca. 1 m

SCHNITTVORLAGEN

ROCK

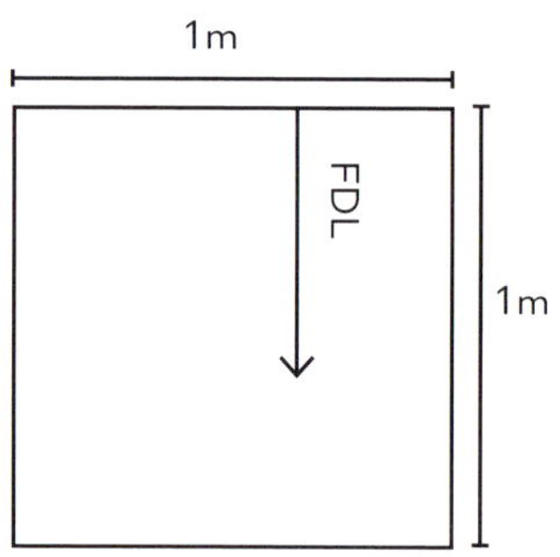

BÜNDCHEN

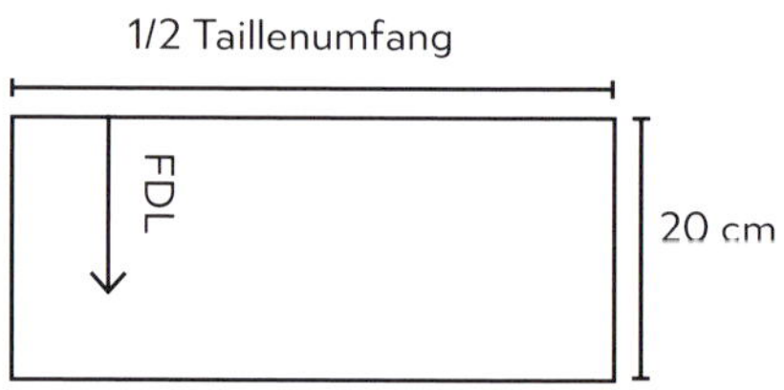

ZUSCHNITT

1x Rock
2x Bündchen

KÖRPERMASSE

- Hüftumfang
- Taillenumfang

ANLEITUNG

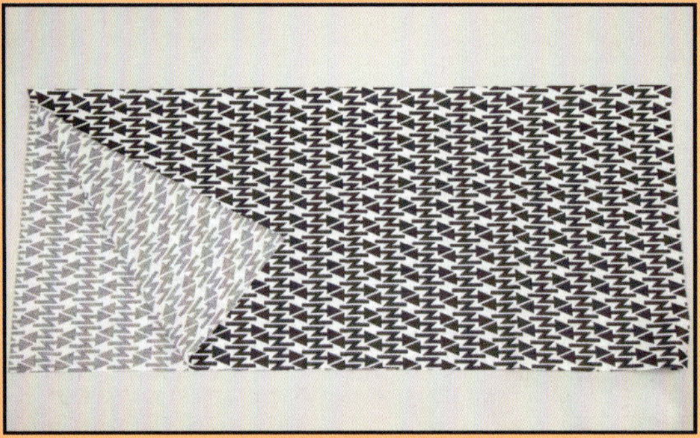

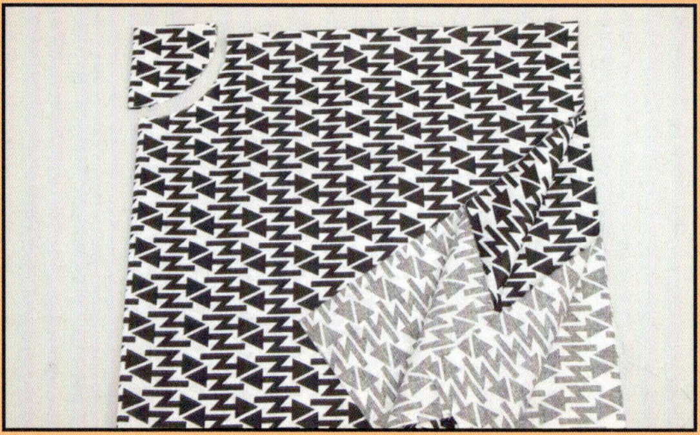

1 Lege den Stoff zur Hälfte zusammen und falte das Rockteil noch einmal der Länge nach über die kurze Seite, sodass ein vierlagiges Quadrat entsteht. Schneide an der geschlossenen Ecke ein Viertel eines Kreises mit einem Radius von 1/8 Hüftumfang + 2 cm ab.

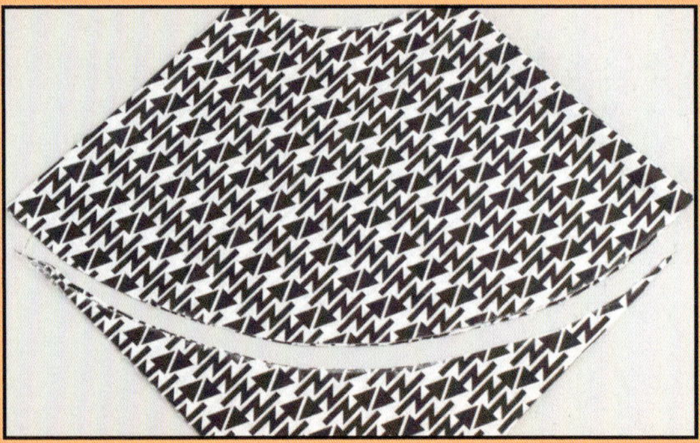

2 Schneide die „offene" Ecke kreisförmig ab.

3 Ziehe den Bündchenschlauch bis auf Taillenhöhe. Sitzt er angenehm eng, kannst du ihn für den Bund verwenden. Ist er zu weit oder zu eng, schneidest du dir 2 Teile entsprechend des Schnittmusters zu und nähst sie an den kurzen Seiten rechts auf rechts zu einem Schlauch zusammen. Falte das Bündchen über die lange Seite links auf links auf die Hälfte zusammen und setze am Bündchen und Rockteil jeweils vier Markierungen im gleichen Abstand zueinander.

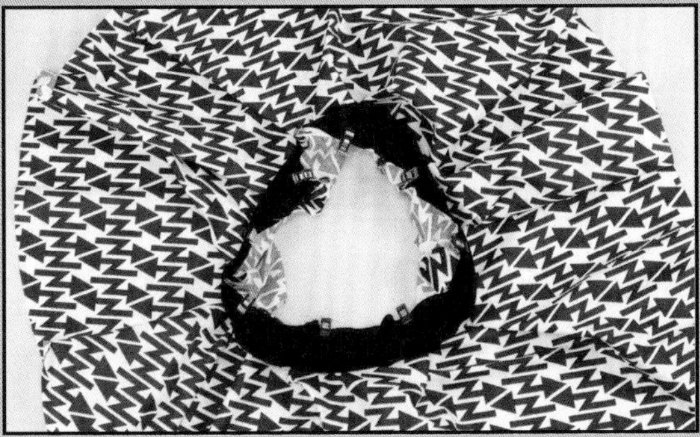

VIDEO

EINFASSEN MIT SCHRÄGBAND

https://youtu.be/2LoZ8OBIfow

4 Stecke das Bündchen gedehnt auf die rechte Stoffseite des Rockes. Die Markierungen treffen dabei aufeinander. Nähe das Bündchen in gedehntem Zustand am Rock fest. Wenn du noch zusätzlich ein Gummiband einziehen möchtest, lass eine kleine Öffnung von etwa 2 cm, wodurch du es ziehen kannst. Danach kannst du die Öffnung schließen.

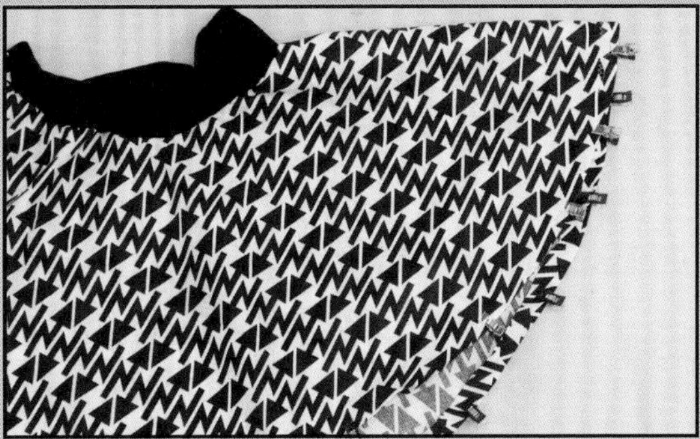

5 Bügele den Saum Stück für Stück ca. 2 cm nach innen um, stecke ihn gut fest und nähe ihn von außen fest. Alternativ kannst du ihn auch mit einem Schrägband einfassen.

hello love
I wish my EYES COULD TAKE PHOTOS

WEITE PUMPHOSE

MATERIAL

leichte bis mittelschwere Baumwollstoffe, Viskose, Viskosejersey, Leinen, Denim

Gummiband

VERBRAUCH

Stoff: ca. 1,5 m
Gummiband: ca. 1 m x 3 cm

KÖRPERMASSE

- Hüftumfang
- gewünschte Beinlänge ab der Hüfte

ZUSCHNITT

1x Hose
1x Bund im Bruch
1x Gummiband in Länge des Hüftumfangs
2x Gummiband je 30 cm

SCHNITTVORLAGEN

HOSE

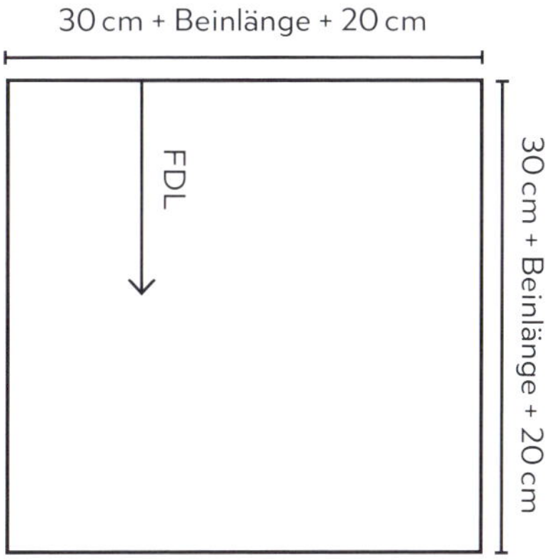

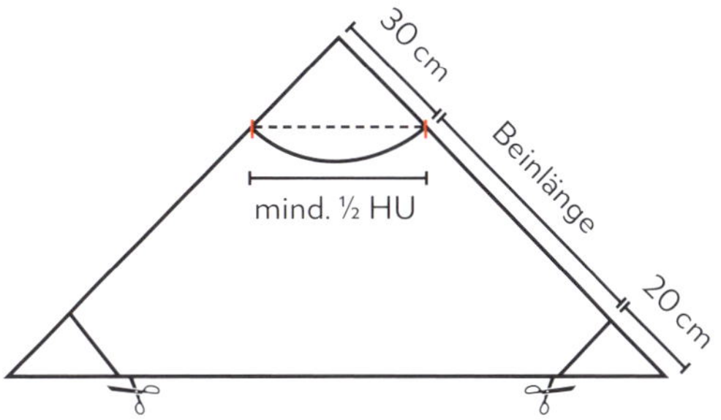

BUND

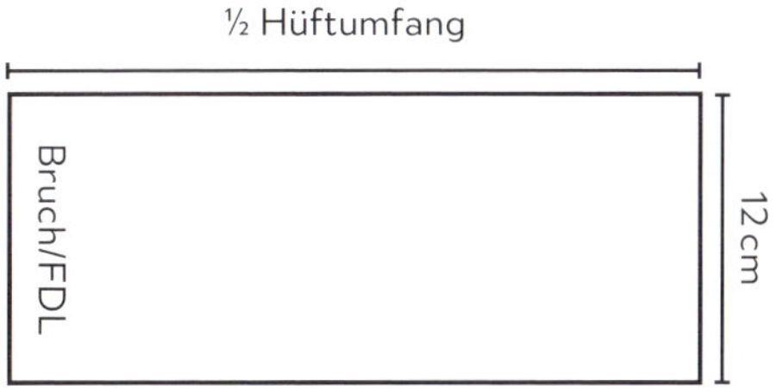

ANLEITUNG

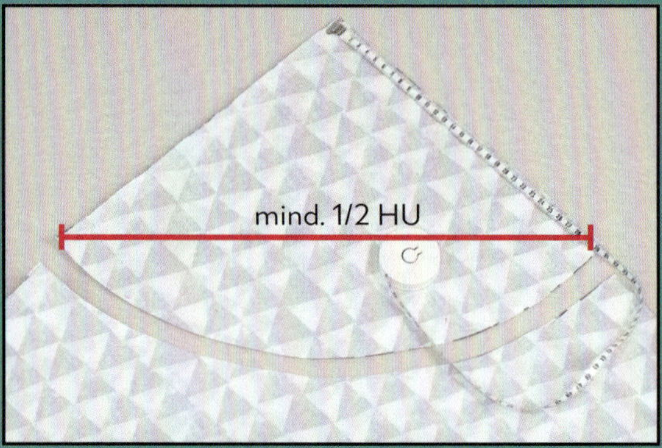

1 Lege das Hosenteil rechts auf rechts über die Diagonale zusammen und schließe die offenen Kanten.

2 Markiere dir an der rechtwinkligen Ecke zu beiden Seiten 30 cm und schneide ein Viertel eines Kreises aus. Achte darauf, dass das ausgeschnittene Teil mindestens so breit ist wie die Hälfte deines Hüftumfangs. Falls deine Hüfte breiter ist, musst du einen größeren Kreis ausschneiden.

3 Schneide die übrigen Ecken in einer Länge von 20 cm im rechten Winkel zu der Außennaht ab.

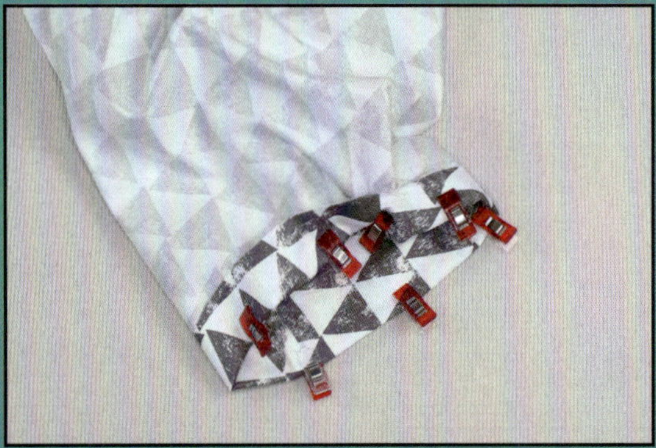

4 Schlage den Stoff an dieser Stelle 3 cm links auf links zurück. Nähe den Stoff mit einem Zickzackstich fest, indem du einmal links und einmal rechts von der Stoffkante einstichst. Lass dabei eine Öffnung von ca. 3 cm und ziehe das Gummiband mit Hilfe einer Sicherheitsnadel ein. Nähe das Gummi zusammen und schließe anschließend die Öffnung.

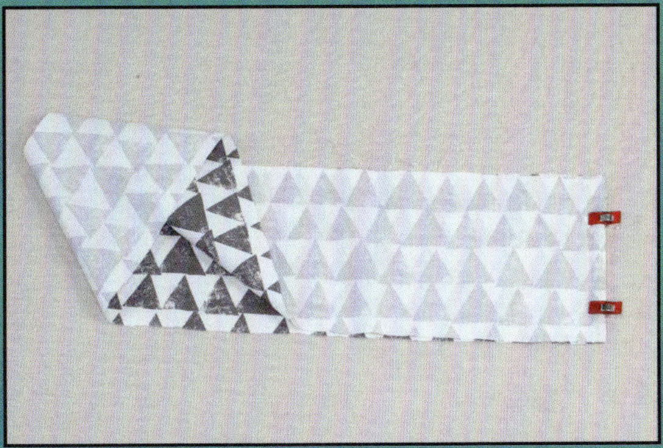

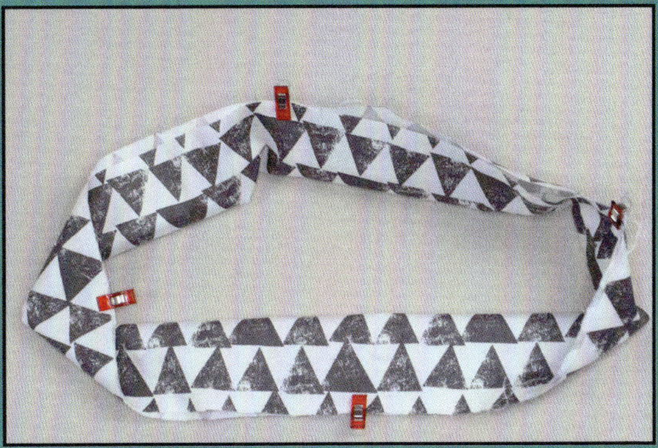

5 Lege den Bund rechts auf rechts und schließe die kurze Seite. Lege den Ring links auf links zur Hälfte zusammen und setze vier Markierungen im gleichen Abstand zueinander.

6 Setze auch an der Hose vier Markierungen im gleichen Abstand zueinander und nähe den Bund entsprechend der Markierungen rechts auf rechts an. Lass dabei eine Öffnung von ca. 3 cm und ziehe dort das Gummiband ein.

7 Passe das Gummi deiner Wohlfühllänge an, nähe es zusammen und schließe die Öffnung im Stoff.

PUMPHOSE

MATERIAL

leichte bis mittelschwere Baumwollstoffe, Viskose, Viskosejersey, Leinen, Denim

Gummiband

Bündchenware

VERBRAUCH

Stoff: ca. 1,5 m
Gummiband: ca. 1 m x 3 cm
Bündchenware: 50 cm

SCHNITTVORLAGEN

HOSE UND BUND WIE AUF S. 87 (WEITE PUMPHOSE)

BEINBÜNDCHEN

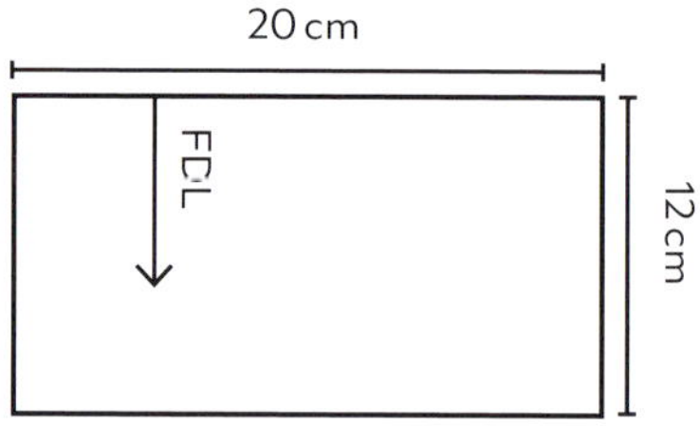

ZUSCHNITT

1x Hose
1x Bund im Bruch
2x Beinbündchen
1x Gummiband in Länge des Hüftumfangs

ANLEITUNG

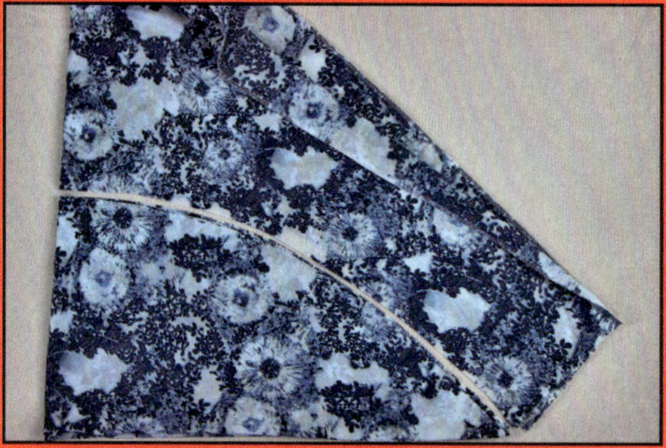

1 Lege die Hose rechts auf rechts diagonal zusammen, schließe die Seiten, und schneide die Beinabschlüsse ab (siehe Schritt 1 bis 3 auf Seite 88 (weite Pumphose)). Schneide danach ein Viertel eines Kreises für den Bund aus, nähe den Bund an und ziehe das Gummi ein (siehe Schritt 5 bis 7 auf Seite 89 (weite Pumphose)).

2 Miss ab wie tief der Schritt deiner Hose in etwa sitzen soll. Lege die Hose doppelt und schneide den überflüssigen Stoff von der Schrittiefe bis zum Beinabschluss in einem leichten Bogen weg. Achtung: der Schritt darf nicht zu hoch sitzen und der Bogen das Bein nicht zu schmal werden lassen. Falte die Hose im Anschluss wieder auseinander und nähe den Bogen rechts auf rechts zusammen.

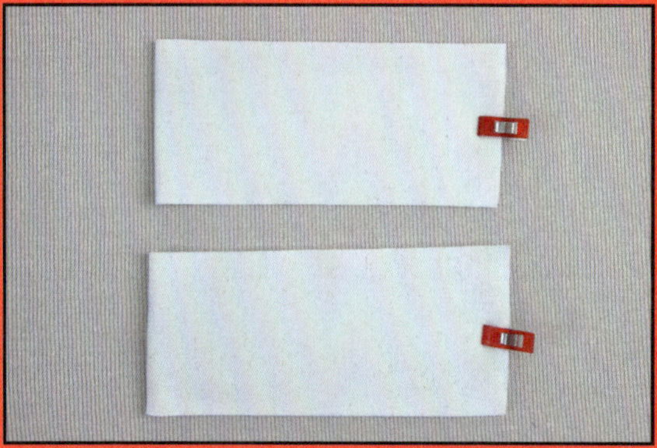

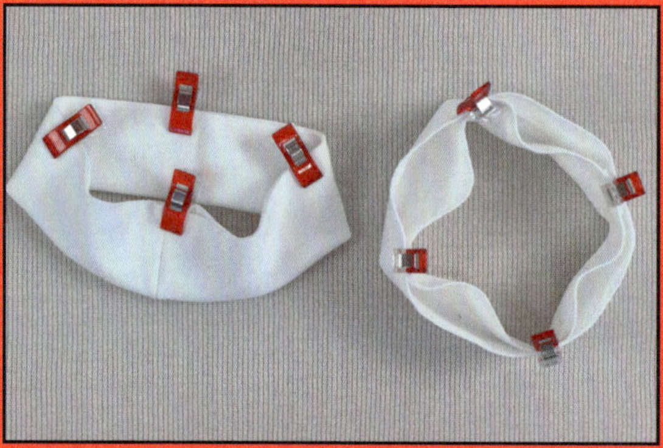

3 Nähe die Beinbündchen jeweils rechts auf rechts an den kurzen Seiten zusammen. Lege die Ringe links auf links auf die Hälfte zusammen und setze jeweils vier Markierungen im gleichen Abstand zueinander. Nähe die Bündchen rechts auf rechts an die Beinabschlüsse.

HIGH-WAIST ROCK

MATERIAL

dehnbare feste Stoffe: Stretchjeans; Kunstleder, Stretchgabardine

Gummiband

VERBRAUCH

ca. 1 m

KÖRPERMASSE

- Taillenumfang
- Hüftumfang
- gewünschte Länge

SCHNITTVORLAGEN

VORDERTEIL

RÜCKENTEIL

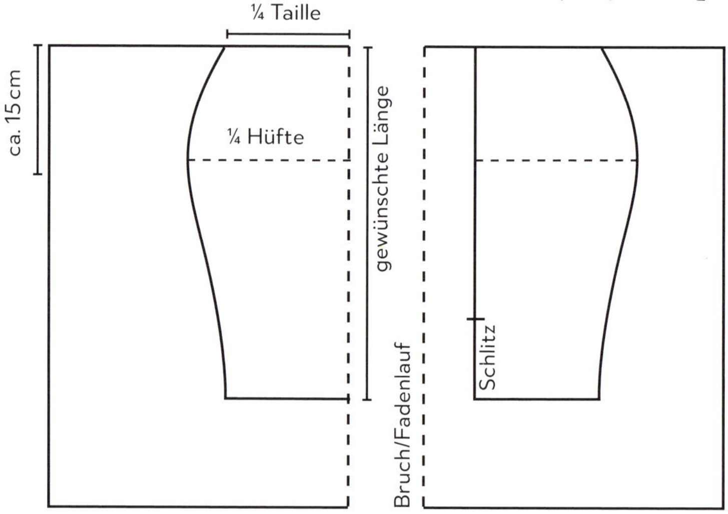

ZUSCHNITT

1x Vorderteil im Bruch
2x Rückenteil (gegengleich)
1x Bund im Bruch
1x Gummiband in Taillenbreite

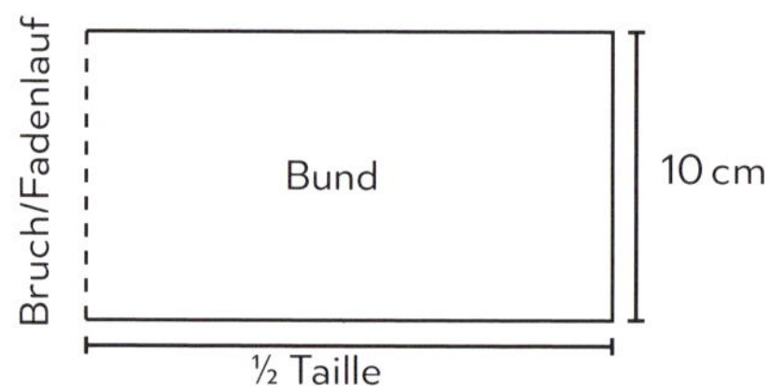

+ zzgl. 1 cm Nahtzugabe und 3 cm Saumzugabe

ANLEITUNG

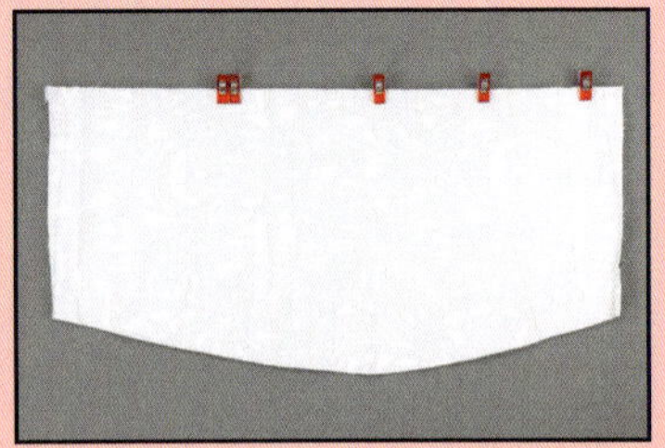

1 Lege die beiden rückwärtigen Rockteile rechts auf rechts und nähe sie von oben bis etwa Kniehöhe zusammen. Der untere Teil bleibt für den Schlitz geöffnet.

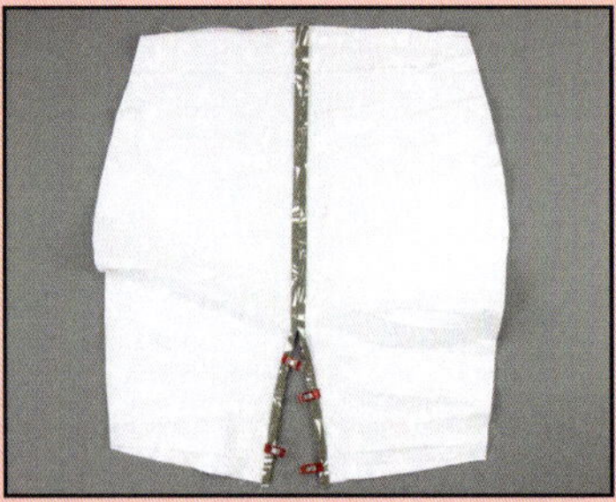

2 Schlage beim Schlitz die Nahtzugaben nach innen und nähe sie von außen fest.

3 Lege das rückwärtige Rockteil rechts auf rechts auf das vordere und schließe die Seiten.

4 Lege den Bund rechts auf rechts und schließe die kurze Seite.

5 Lege den Bund links auf links zu einem Schlauch zur Hälfte zusammen.

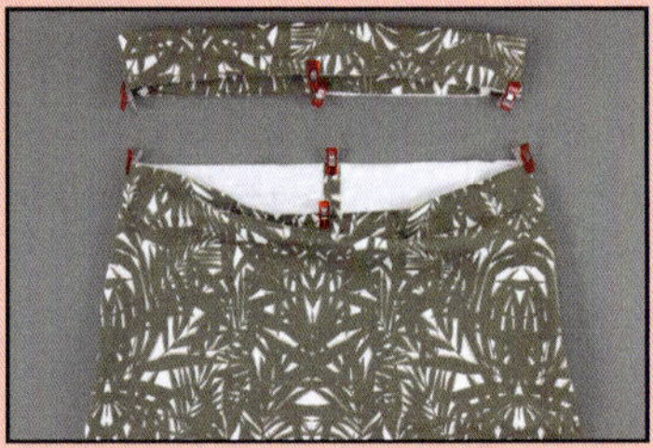

6 Viertele den Bund, indem du vier Markierungen setzt, die gleich weit voneinander entfernt sind. Wiederhole dies auch beim Rock.

7 Stülpe den Bund rechts auf rechts über den Rock. Dabei treffen die Markierungen aufeinander. Nähe den Bund fest und lasse dabei eine kleine Öffnung, durch die du das Gummiband ziehen kannst.

8 Ziehe das Gummiband ein, nähe es zusammen und nähe die Öffnung zu.

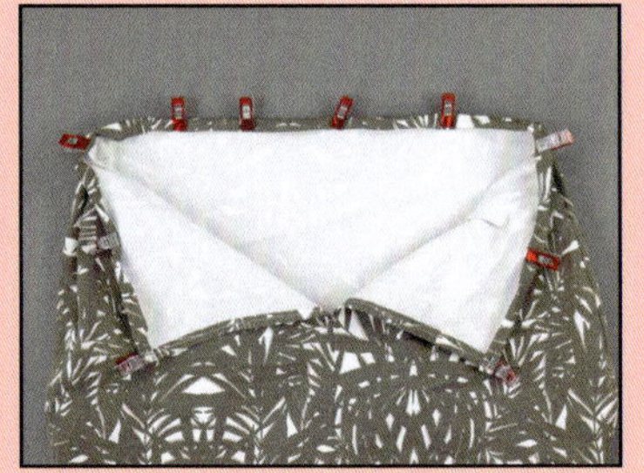

9 Säume den Rock, indem du ihn ca. 3 cm nach innen einschlägst und festnähst.

TIPP

Das Shirt und der Rock passen nicht nur optimal zueinander, sondern lassen sich auch toll mit einer Jeans oder einem schlichten Oberteil ergänzen. Je nachdem, wie du deinen Look kombinierst wird er lässiger oder etwas schicker. Passende Accessoires, wie eine lange Kette oder glitzernde Schuhe, machen deinen Style noch etwas individueller.

RUND-
HERUM

BOHO-KLEID

MATERIAL
leichte, fließende Stoffe: Viskose

VERBRAUCH
ca. 2 m, je nach Länge und Breite

KÖRPERMASSE
- Hüftumfang
- gewünschte Länge
- gewünschte Breite

ZUSCHNITT
1x Vorderteil im Bruch
1x Rückenteil im Bruch
1x Tunnel im Bruch
1x Träger (ca. 1 m)

SCHNITTVORLAGEN

KLEID

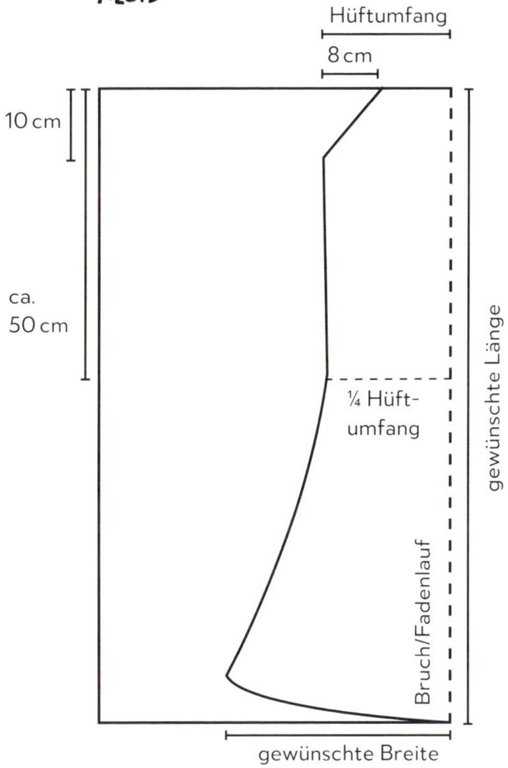

TUNNEL

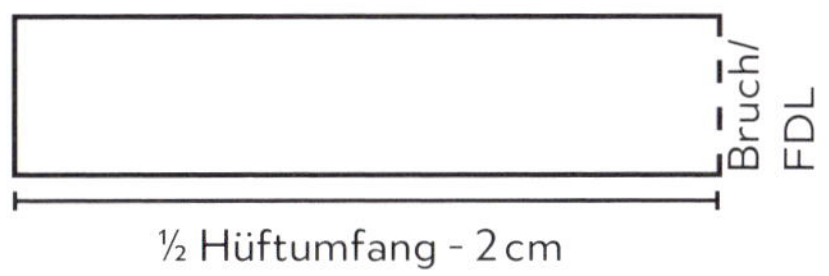

+ zzgl. 1 cm Nahtzugabe und 3 cm Saumzugabe

ANLEITUNG

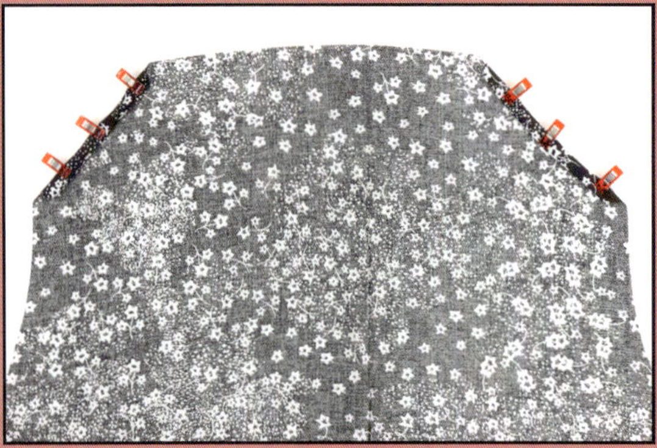

1 Schlage die schrägen Seiten zweimal jeweils 1 cm nach innen ein und nähe die Kanten fest.

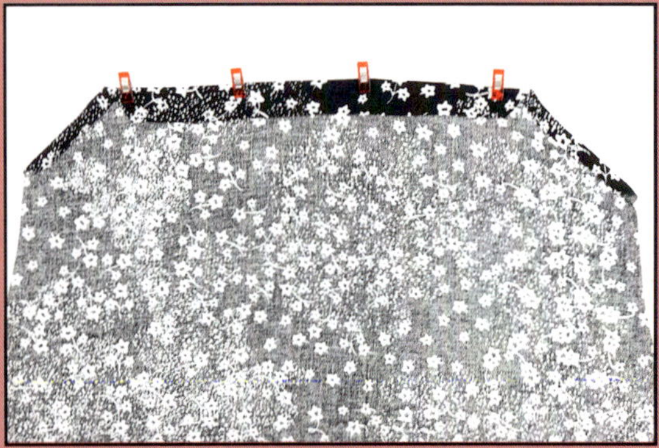

2 Schlage die obere Kante erst 1 cm, dann nochmal 2 cm nach innen ein, sodass ein Tunnel entsteht und nähe ihn fest.

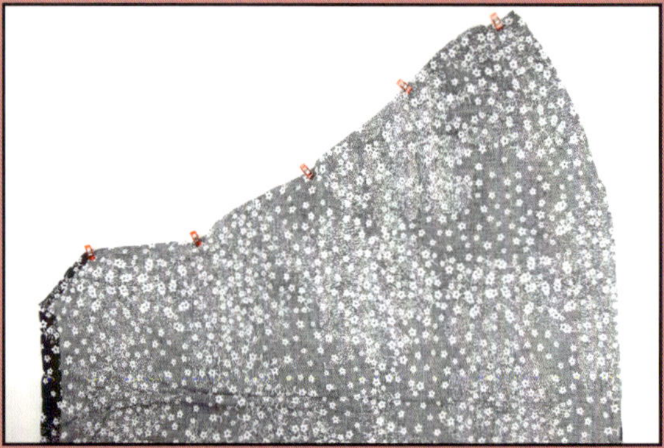

3 Schließe die Seiten und versäubere im Anschluss die Nahtzugaben.

4 Schlage für den Tunnel die Kanten jeweils 1 cm nach innen ein und bügele die Kanten.

5 Damit der Tunnel später gleichmäßig fixiert wird, kannst du auf die linke Stoffseite auf die Nahtzugabe Wondertape aufkleben.

6 Falte das Oberteil mit der Vorderseite an der Stelle nach unten auf das Rockteil, an der später der Tunnel sitzen soll. Markiere dir auf der Rückenseite die Mitte des Kleides und fixiere den Tunnel gleichmäßig bis zu den Seiten. Falte das Oberteil nun in die andere Richtung, um den Tunnel bis nach vorne festzustecken. Die Tunnelenden liegen vorne in der Mitte ca. 5 cm–10 cm auseinander. Nähe den Tunnel rundherum rechts auf rechts fest.

7 Schlage den Tunnel nach unten, sodass er mit der linken Seite auf dem Stoff liegt und nähen ihn nochmals rundherum fest.

8 Lege die Bänder für die Träger und den Gürtel jeweils rechts auf rechts zusammen, nähe eine kurze und die lange Seite zu und wende alles, z. B. mit Hilfe eines Kochlöffels.

9 Ziehe die Bänder durch die Tunnel. Ziehe das Kleid an und passe die Länge des Trägers an deinen Körper an. Verknote die Enden und ziehe den Knoten in den Tunnel. Alternativ kannst du auch eine Schleife binden.

10 Säume das Kleid, indem du es unten ca. 3 cm nach innen einschlägst, die Kanten bügelst und den Stoff von außen im entsprechenden Abstand festnähst.

KURZER OVERALL

MATERIAL

gut dehnbare Stoffe: Jersey, Viskosejersey

Gummiband

VERBRAUCH

Stoff: ca. 1,5 m

Gummiband: ca. 1,5 m

KÖRPERMASSE

- Schulterbreite
- Taillenumfang
- gewünschte Länge ab Schulter

SCHNITTVORLAGEN

VORDERTEIL OBERTEIL / RÜCKENTEIL OBERTEIL

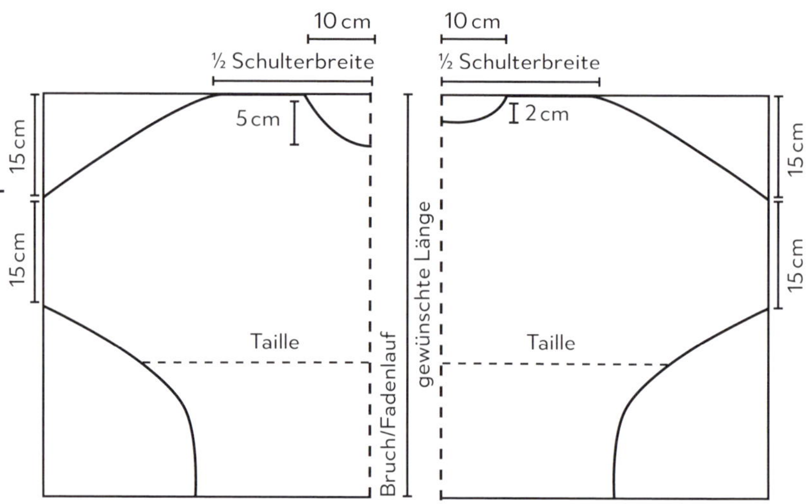

+ zzgl. 1 cm Nahtzugabe, 3 cm Saumzugabe

VORDERTEIL HOSE / RÜCKENTEIL HOSE

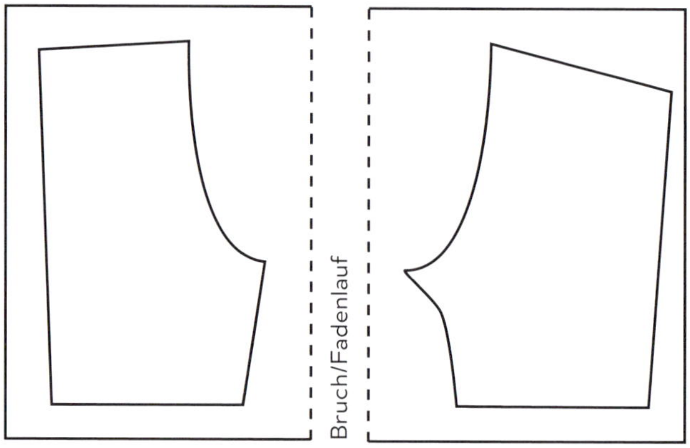

ZUSCHNITT

1x vorderes Oberteil im Bruch
1x hinteres Oberteil im Bruch
2x Vorderteil Hose
(siehe auch Seite 64)
2x Rückenteil Hose
1x Gummiband (Hüftumfang) Taillenbreite

ANLEITUNG

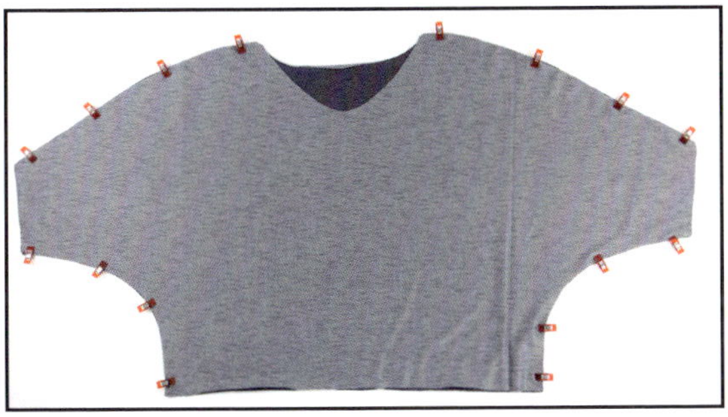

1 Lege das Vorderteil rechts auf rechts auf das Rückenteil und schließe die Schulter- und Seitennähte.

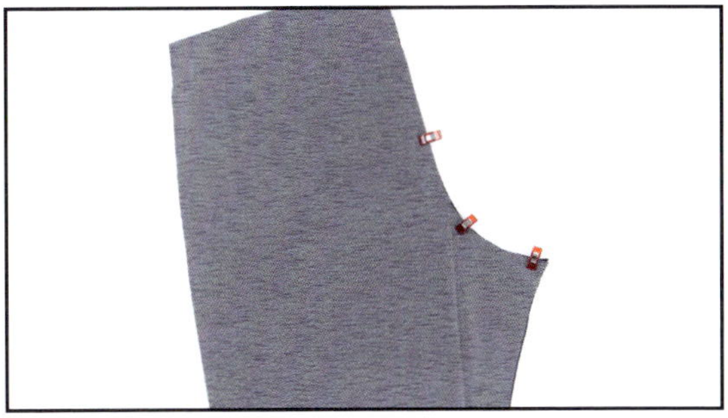

2 Lege die beiden hinteren Hosenteile rechts auf rechts zusammen und schließe die Schrittnaht. Wiederhole das mit den beiden vorderen Hosenteilen.

3 Lege das vordere Hosenteil auf das hintere und schließe die Seiten sowie die Schrittnaht.

4 Verbinde das Oberteil mit der Hose, indem du das Oberteil rechts auf rechts über die Hose stülpst und zusammennähst. Ggf. kannst du von innen auch noch ein Gummiband aufnähen, damit der Overall etwas enger in der Taille sitzt.

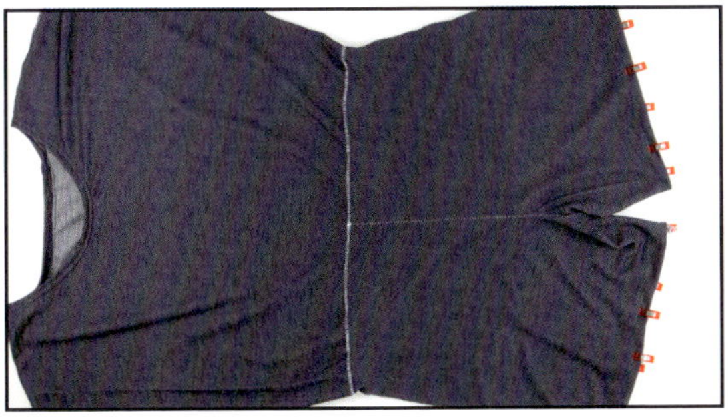

5 Säume den Overall am Halsausschnitt sowie den Ärmeln und Beinen.

SÜSSES KLEID

MATERIAL

Oberteil: dehnbare Stoffe; Jersey, dünner Strick, Jaquard

Rock: fließende Stoffe; Ciffon, Viskose, Satin, ggf. Framilionband

Tüllrock: weicher Tüll, breites Band, z. B. aus Satin, oder Stoffgürtel

VERBRAUCH

Oberteil: ca. 70 cm

Rock: ca. 1 m, je nach Länge

Tüllrock: ca. 1 m, je nach Länge

Band: 1–1,5 m

KÖRPERMASSE

- Taillenumfang
- gewünschte Länge

SCHNITTVORLAGEN

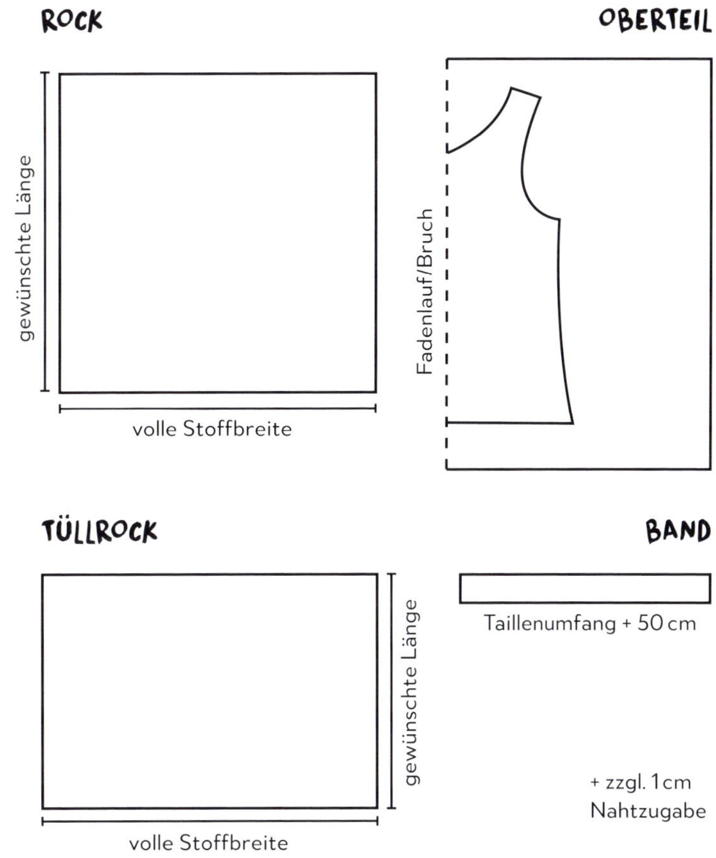

ZUSCHNITT

1x Vorderteil im Bruch
1x Rückenteil im Bruch
2x Rockteil
1x Tüllrock
1x Band (Taillenumfang + 50 cm)

ANLEITUNG

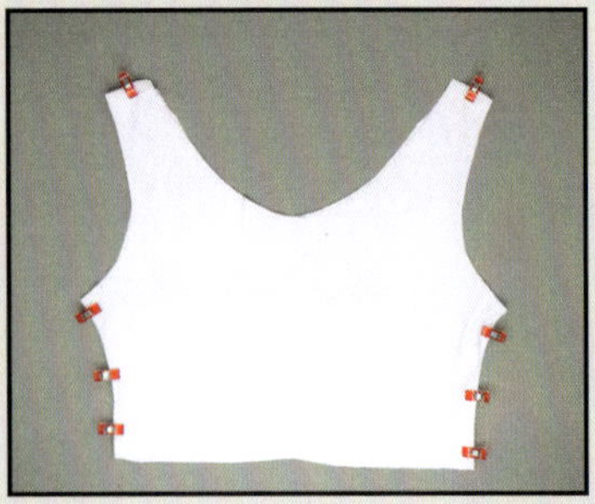

1 Lege das Vorderteil des Oberteils rechts auf rechts auf das Rückenteil und schließe die Schulter sowie die Seitennähte.

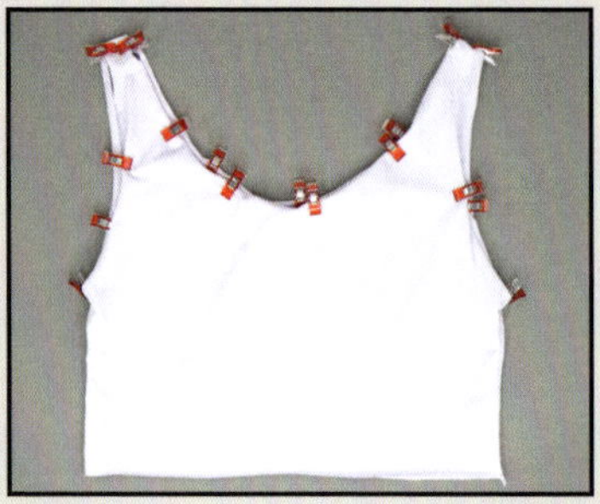

2 Säume Hals- und Armausschnitte, indem du die Nahtzugabe ca. 1 cm nach innen einschlägst und von außen festnähst.

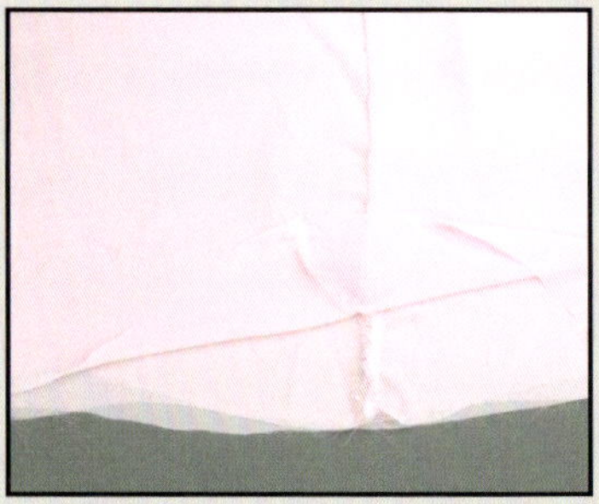

3 Lege die Rockteile rechts auf rechts zusammen und schließe die Seitennähte. Versäubere im Anschluss die Kanten. Hast du mehrere Lagen, schließe jede Lage einzeln und lege die Lagen später ineinander.

4 Kräusele die obere Kante auf die Breite des Oberteils zusammen, z. B. mit einem Framilion, das aufgenäht wird.

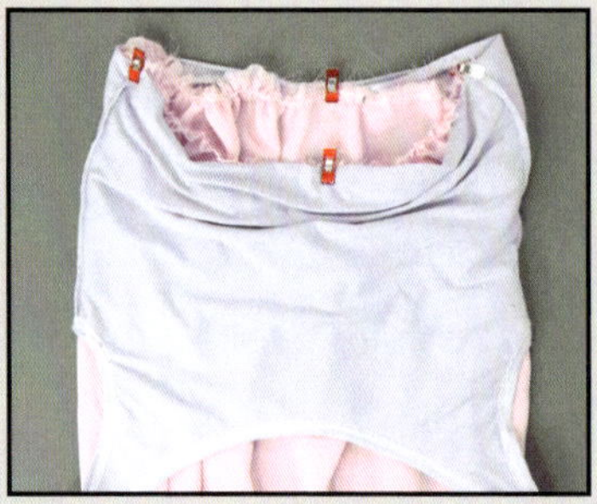

5 Stülpe das Oberteil rechts auf rechts über den Rock, sodass die Kanten aufeinander treffen und nähe alles rundherum zusammen.

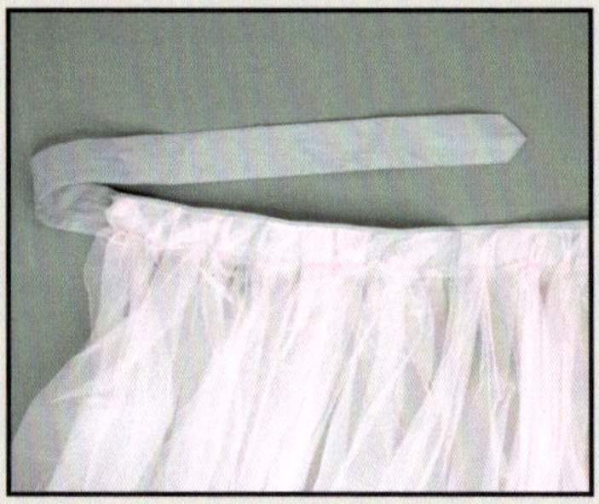

6 Lege den Tüll der Länge nach doppelt und kräusle ihn an der geschlossenen Seite auf die Länge deines Hüftumfangs zusammen. Lege dann den Rock mittig auf das Band und nähe ihn an beiden Kanten des Bandes fest. Wenn du den Rock auf einen Gürtel nähst, lege den Rock an die Gürtelschnalle an, nicht mittig. Achte darauf, dass du sie ganz genau arbeitest, sonst ragt der Tüll über den Gürtel heraus.

VIDEO

KRÄUSELN MIT GUMMIBAND

https://youtu.be/J67-IlnmIKw

TIPP

Mit einem Tüllrock sieht das Kleid noch romantischer aus.

PULLI-KLEID

MATERIAL

dehnbare Stoffe: Strickfleece, Sweat, dicke Wollstoffe

VERBRAUCH

ca. 2 m, je nach Länge

KÖRPERMASSE

- Armlänge
- Schulterbreite
- Hüftumfang
- Taillenumfang
- gewünschte Länge ab Schulter

SCHNITTVORLAGEN

HALSBÜNDCHEN

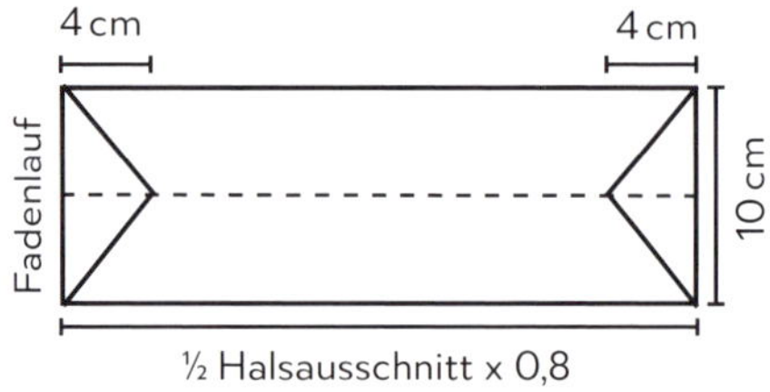

ÄRMELBÜNDCHEN

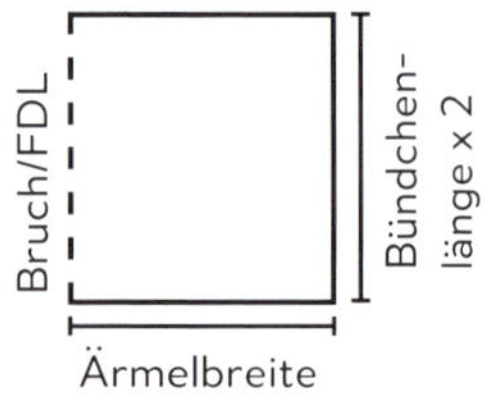

BAUCHBUND

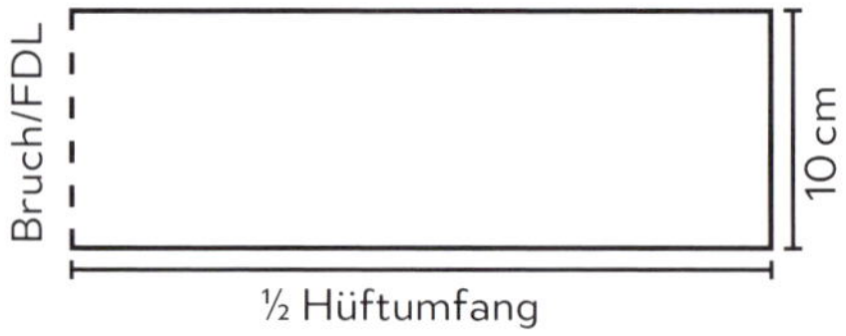

+ zzgl. 1 cm Nahtzugabe, keine Saumzugabe

VORDERTEIL

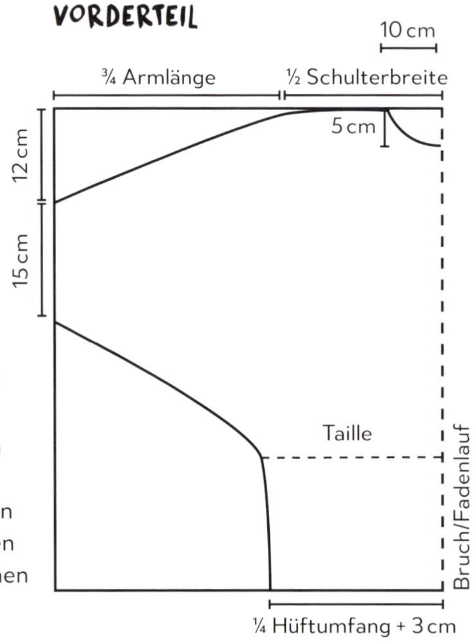

RÜCKENTEIL

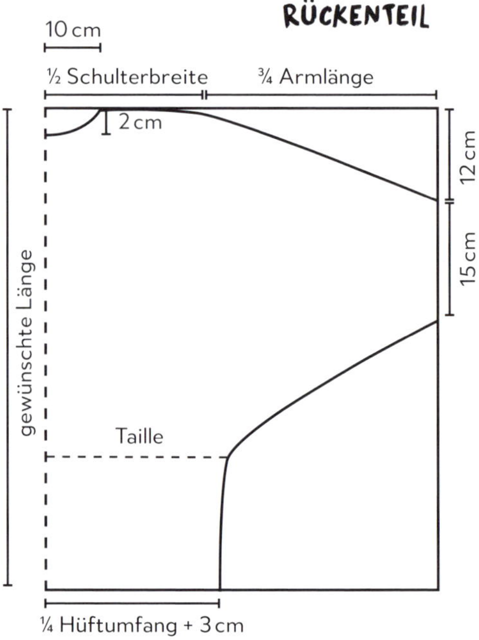

ZUSCHNITT

1x Vorderteil im Bruch
1x Rückenteil im Bruch
2x Halsbündchen
2x Armbündchen
1x Bauchbündchen

ANLEITUNG

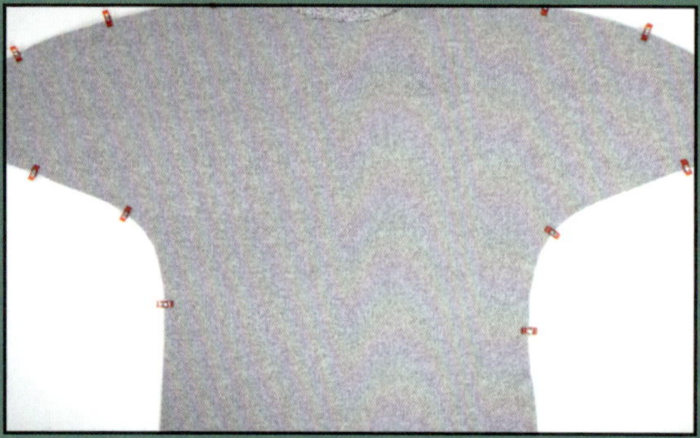

1 Lege die beiden Schnittteile rechts auf rechts aufeinander und schließe die Schultern und Seiten.

2 Miss die Ärmelöffnung und schneide dir die Bündchen entsprechend zu. Lege das Bündchen rechts auf rechts zusammen und schließe die lange Seite. Wie man zusätzlich auch noch Daumenlöcher näht, zeige ich dir im Video.

VIDEO

DAUMENLÖCHER NÄHEN

https://youtu.be/_v0Rc8-Pnxl

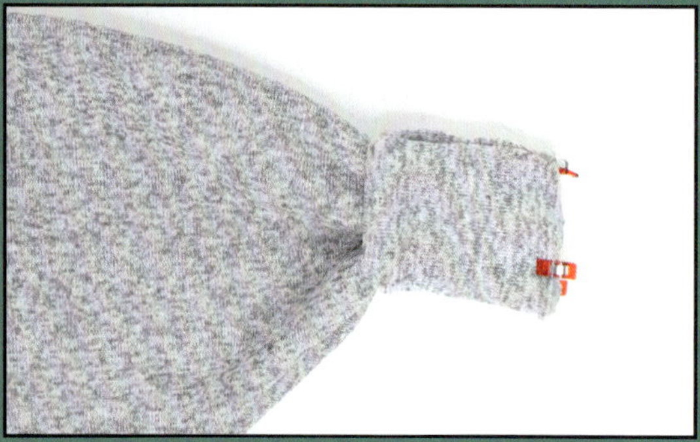

3 Stülpe das Bündchen rechts auf rechts über den Ärmel, stecke alle drei Kanten zusammen und nähe das Bündchen fest.

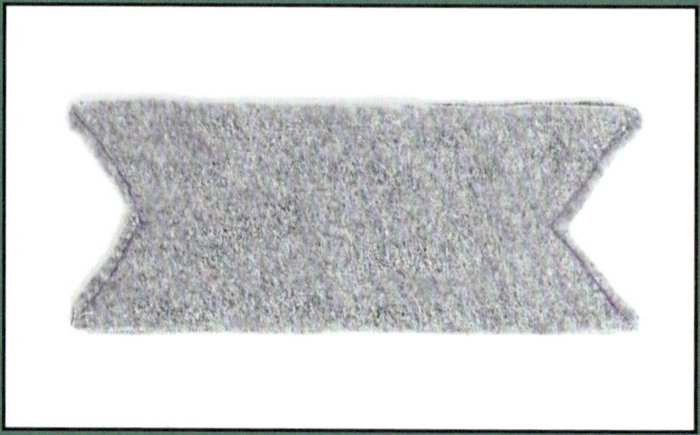

4 Lege die beiden Teile für das Halsbündchen rechts auf rechts aufeinander und nähe sie an den kurzen Seiten pfeilförmig zusammen.

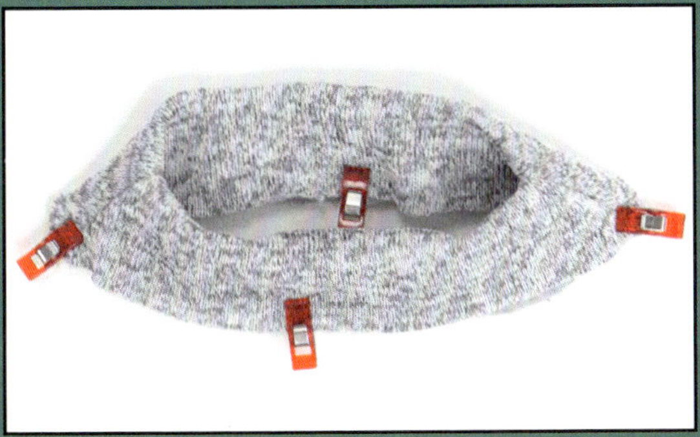

5 Lege das Halsbündchen rechts auf rechts zusammen und viertele es, indem du vier Markierungen setzt, die gleich weit voneinander entfernt sind. Viertele im Anschluss auch den Halsausschnitt.

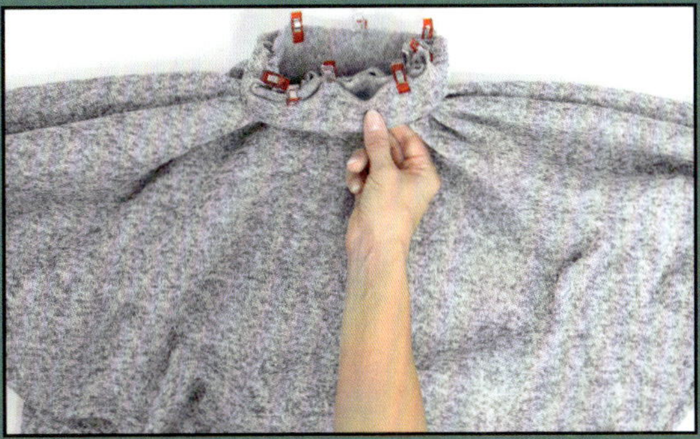

6 Stülpe das Halsbündchen rechts auf rechts über den Halsausschnitt, bringe die Markierungen übereinander und nähe das Bündchen fest.

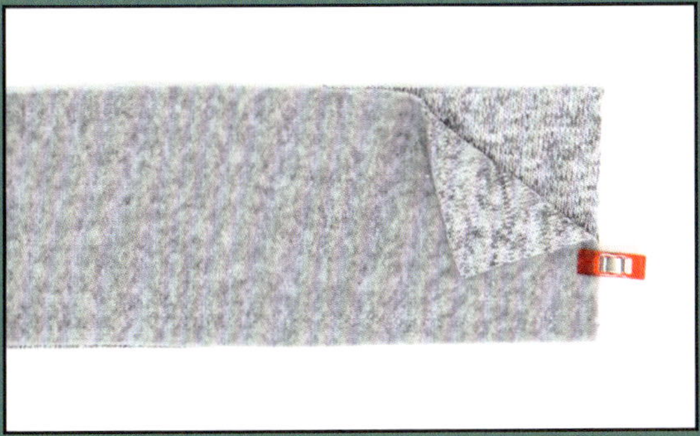

7 Lege den Bauchbund rechts auf rechts zusammen und schließe die kurze Seite.

8 Halbiere den Bund über die gesamte Länge links auf links und viertele ihn.

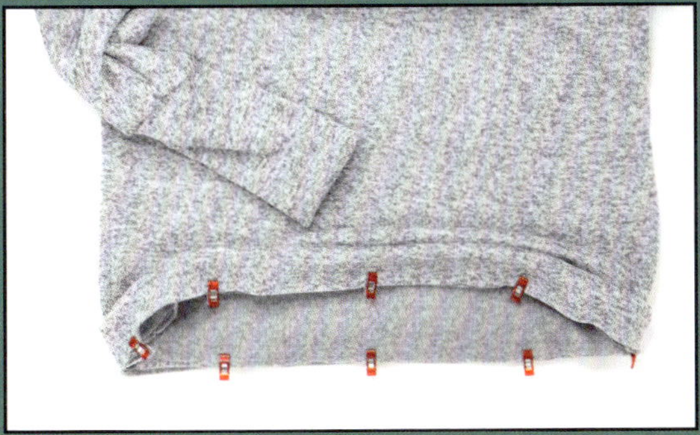

9 Viertele auch den Saum, stülpe den Bund über den Saum und nähe ihn fest.

STYLINGTIPP

Je nachdem, welche Länge du für dein Kleid wählst, kannst es auch wie einen kuscheligen Pulli tragen. Kombiniere dein Kleid zu Leggins und Boots und du bist für den Herbst perfekt ausgerüstet.

ABEND-KLEID

MATERIAL

leichte Webware:
Baumwollstoffe, Viskose, Blusenstoffe

schmales Gummiband

Paillettenband

VERBRAUCH

Stoff: ca. 1,5 m, je nach Länge

Gummiband: ca. 1,5 m

KÖRPERMASSE

- Hüftumfang
- gewünschte Länge

SCHNITTVORLAGEN

KLEID

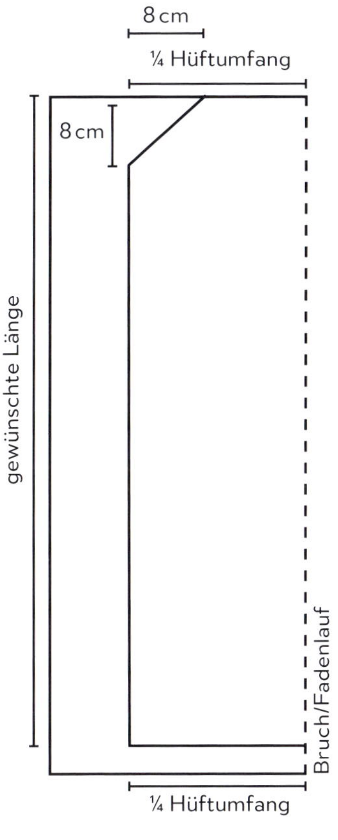

VOLANT

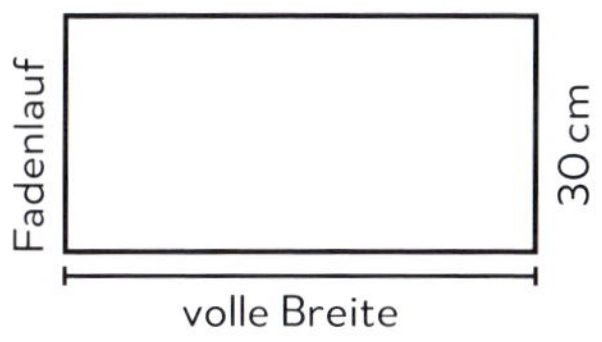

ZUSCHNITT

1x Vorderteil im Bruch
1x Rückenteil im Bruch
1x Volant
1x Gummiband

+ zzgl. 1 cm Nahtzugabe, 3 cm Saumzugabe

ANLEITUNG

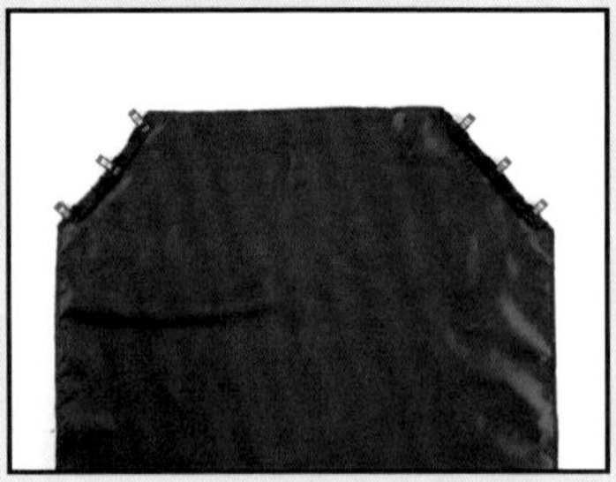

1 Falte die schrägen Kanten zweimal jeweils ca. 1 cm nach innen um und nähe sie fest.

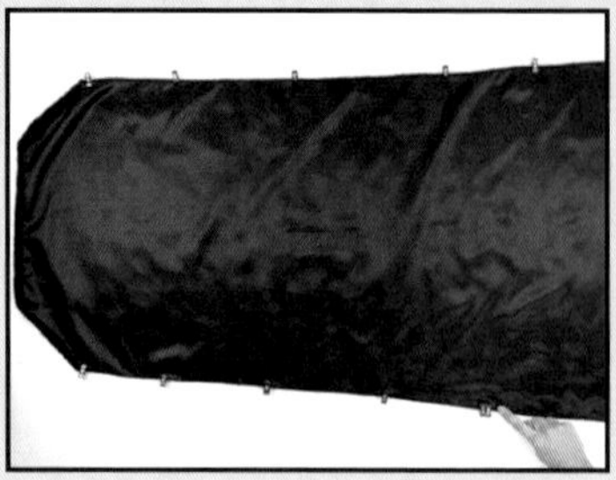

2 Schließe die Seitennähte. Lasse ggf. auf einer Seite ca. in Kniehöhe nach unten die Kante offen für einen Schlitz.

3 Bügele die Nahtzugaben auseinander. Bügele die Kanten des Schlitzes nach innen und nähe sie fest.

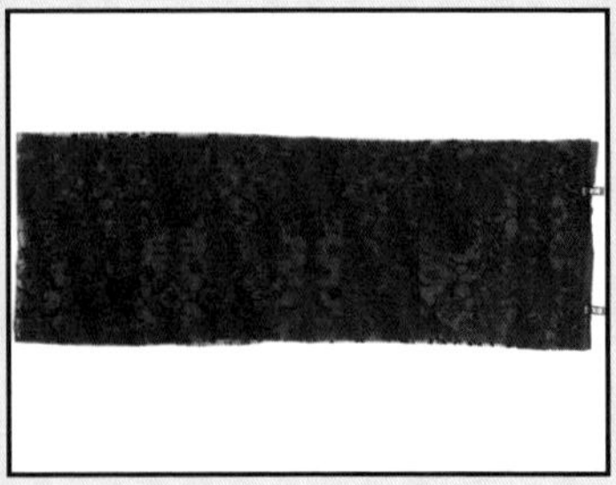

4 Schließe den Volant an der kurzen Seite zu einem Ring.

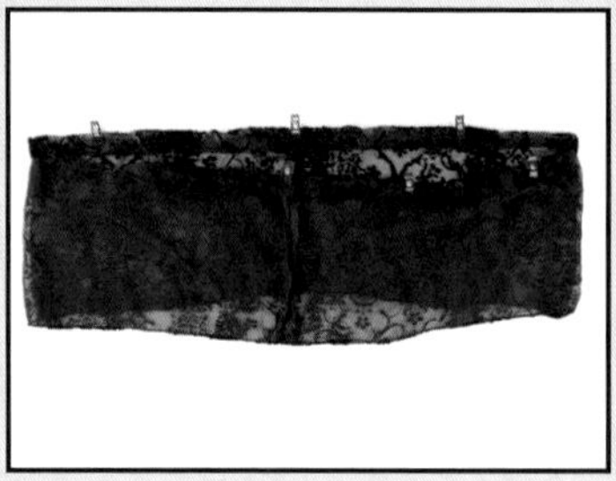

5 Schlage die untere Seite des Volants zweimal 1 cm nach innen ein und nähe sie fest. Schlage dann die obere Seite des Volants erst 1 cm, dann 2 cm nach innen ein und stecke sie fest.

6 Ermittele am Volant sowie an der Vorder- und Rückseite des Kleides die Mitte und lege die obere Kante des Kleides mit in den umgeschlagenen Stoff des Volants.

7 Nähe den Volant fest und lasse am Rücken eine kleine Öffnung, durch die im Anschluss das Gummiband gezogen wird.

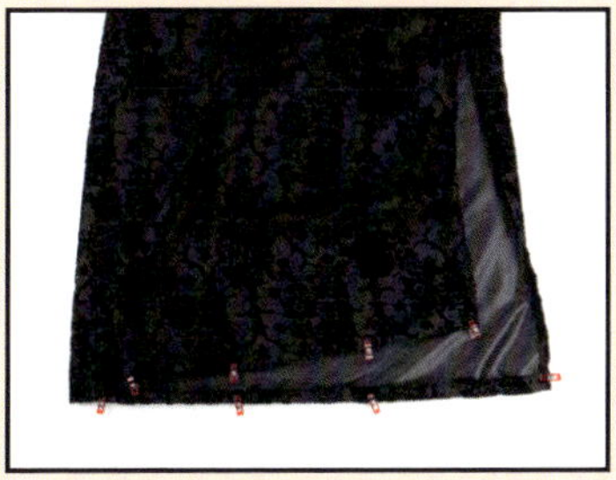

8 Säume das Kleid, indem du es unten ca. 3 cm nach innen einschlägst und festnähst.

STYLINGTIPP

Kombiniere dein Kleid mit einem Gürtel aus demselben Stoff oder mit einem zarten Gürtel aus Pailletten. Du kannst ihn sowohl in der Taille, wie auch unter der Brust oder auf Hüfthöhe tragen und so das Aussehen deines Kleides individuell anpassen. Durch das Gummiband ist auch der Volant des Kleides variabel. Du entscheidest, ob du ihn näher am Hals tragen möchtest oder ob deine Schultern frei bleiben sollen.

STRAND-KLEID

MATERIAL

dehnbare Stoffe: Jersey, dünner Strick, Jaquard

VERBRAUCH

ca. 2 m, je nach Länge und Breite

SCHNITTVORLAGEN

VORDER- UND RÜCKENTEIL

BÜNDCHEN

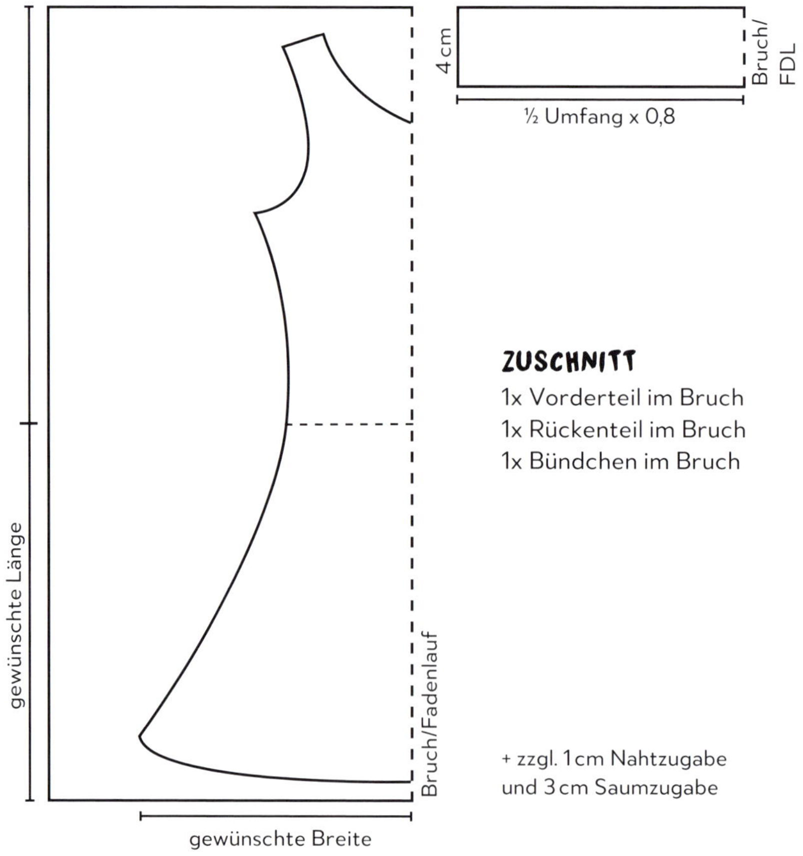

ZUSCHNITT

1x Vorderteil im Bruch
1x Rückenteil im Bruch
1x Bündchen im Bruch

+ zzgl. 1 cm Nahtzugabe und 3 cm Saumzugabe

ANLEITUNG

1 Falte ein ärmelloses Top, das dir gut passt über die Mitte im Fadenlauf zur Hälfte zusammen, sodass das Vorderteil innen liegt. Lege es auf den Stoff, der im Bruch liegt, mit der geschlossenen Kante an die Bruchkante des Stoffes. Ergänze den Rockteil des Kleides. Zeichne die Ränder mit 1 cm Nahtzugabe an und schneide den Stoff aus. Du erhältst so das Rückenteil.

2 Wiederhole diese Schritte, indem du das Shirt noch einmal anders herum zusammenfaltest, damit du nun auch das Vorderteil mit dem etwas tieferen Ausschnitt abzeichnen kannst.

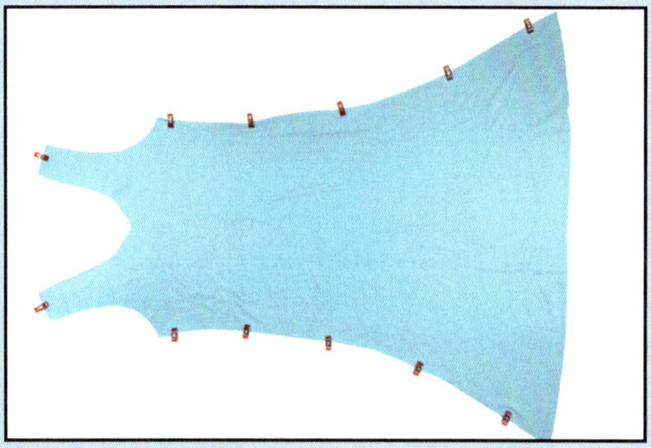

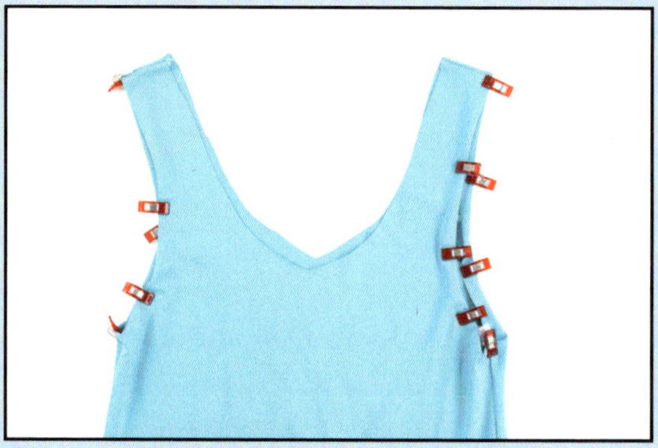

3 Lege das Vorderteil rechts auf rechts auf das Rückenteil und schließe die Schultern und die Seiten.

4 Säume die Armausschnitte, indem du den Stoff ca. 1 cm nach innen einschlägst und festnähst.

5 Miss die Länge des Halsausschnitts aus und schneide dir das Bündchen zurecht. Lege es rechts auf rechts zur Hälfte zusammen und schließe die kurze Seite.

6 Viertele sowohl das Bündchen als auch den Halsausschnitt, indem du jeweils vier Markierungen setzt, die alle gleich weit voneinander entfernt sind.

7 Stülpe das Halsbündchen rechts auf rechts über den Halsausschnitt und nähe es fest. Die Markierungen treffen aufeinander.

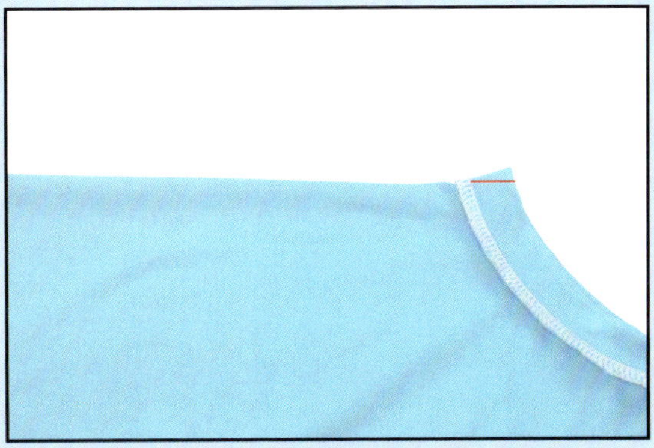

8 Wende das Kleid auf links und lege das Vorderteil in den Bruch. Nähe die „Nase“ des Halsbündchens in Verlängerung zur Bruchkante ab. Achte dabei darauf, nur das Halsbündchen zu treffen, nicht auch den Stoff des Kleides.

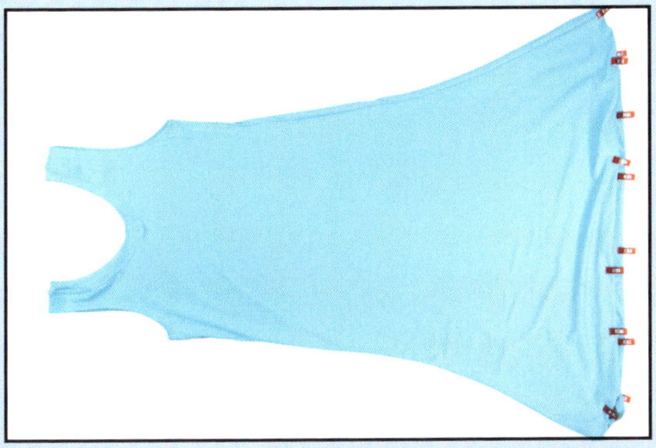

9 Säume das Kleid, indem du den Stoff ca. 3 cm nach innen einschlägst und festnähst.

VIDEO

WENDEPAILLETTEN PLATZIEREN

https://youtu.be/2g94gQudEcs

TIPP

Individualisiere deinen Look durch die Form deiner Applikation: Wie du das machst, erfährst du im Video.

DRUM-
HERUM

STRAND-TASCHE

MATERIAL

festere Webware: Canvas, Samt, Cord, Jeans

fertiger Taschenboden

2 Griffe

VERBRAUCH

ca. 1m, je nach Taschengröße

ZUSCHNITT

2x Innenteil
2x Außenteil
2x Streifen

SCHNITTVORLAGEN

TASCHENBEUTEL

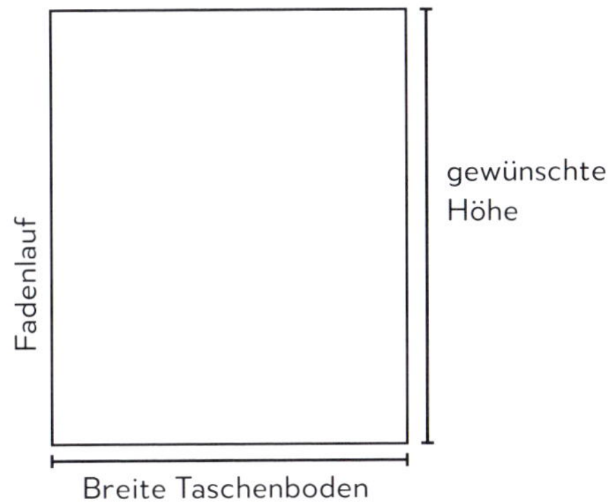

HALTERUNG

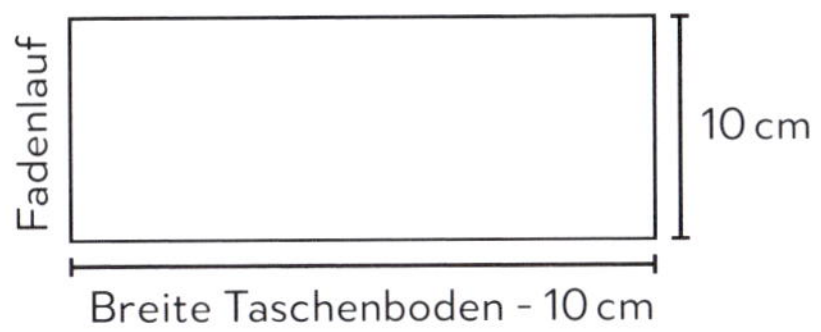

+ zzgl. 1 cm Nahtzugabe

ANLEITUNG

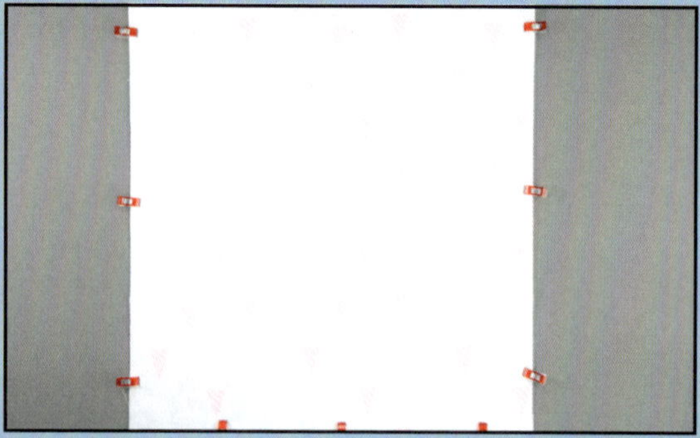

1 Lege die Innenteile rechts auf rechts und schließe die Seiten und den Boden. Nähe die Außenteile rechts auf rechts an den Seiten zusammen.

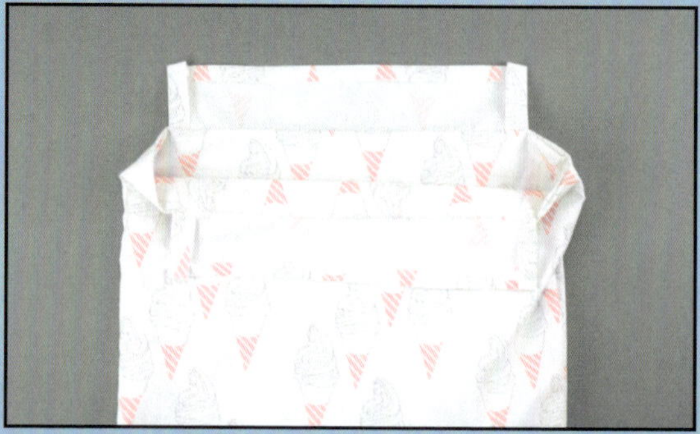

2 Lege die Streifen vorne und hinten jeweils mittig rechts auf rechts auf den Außenbeutel. Die schmalen Kanten sind dabei ca. 1 cm eingeschlagen.

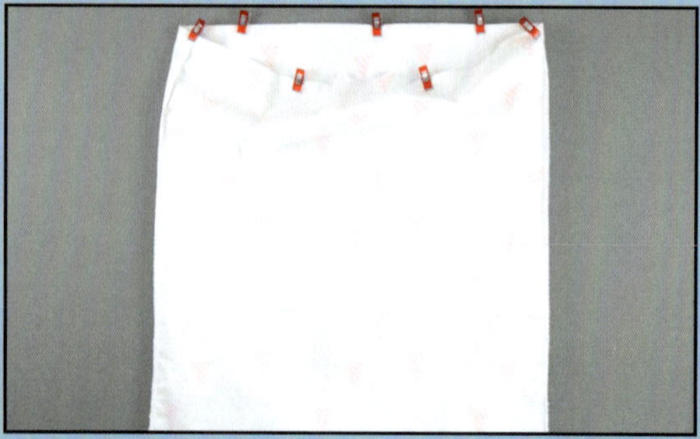

3 Stülpe den Innenbeutel rechts auf rechts in den Außenbeutel und nähe beide zusammen. Die Halterungen liegen zwischen den Beuteln.

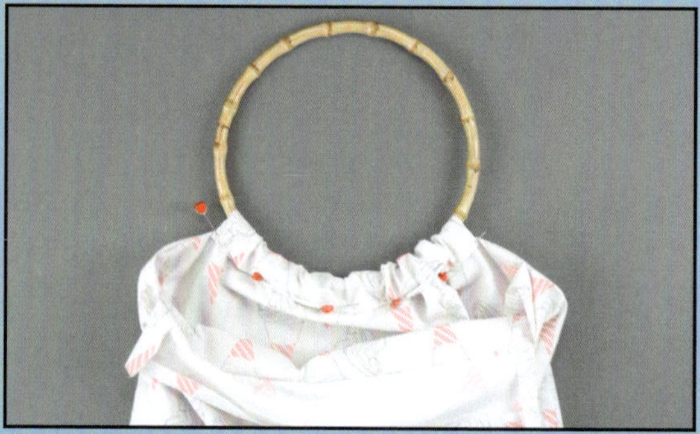

4 Schlage den Streifen über den Griff und nähe ihn innen fest.

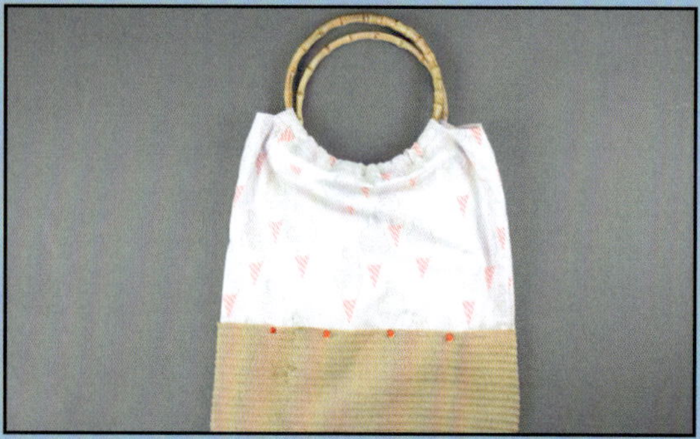

5 Lege den Beutel in den Boden und nähe ihn rund herum mit der Hand fest.

KABEL-UTENSILO

MATERIAL

festere Stoffe wie Canvas, Denim, Cord, Leinenstoffe, Kunstleder, Softshell, Baumwollstoffe (ggf. mit Bügeleinlage H250 verstärken)

Endlosreißverschluss

Gummiband

VERBRAUCH

Innenstoff: 50 cm
Außenstoff: 50 cm
Reißverschluss: 25 cm
Gummiband: 85 cm x 1 cm

ZUSCHNITT

1x Innenstoff: 25 x 50 cm
1x Außenstoff: 25 x 50 cm
2x Bügeleinlage (bei Baumwollstoffen): 25 x 50 cm
3x Gummiband: ca. 25 cm
1x Gummiband: ca. 6 cm

ANLEITUNG

1 Bügele die Einlage auf die linken Seiten der zu verstärkenden Stoffe.

2 Stecke den Reißverschluss rechts auf rechts auf die schmale Seite des Außenstoffes. Stecke den Innenstoff rechts auf rechts darüber und nähe alles zusammen. Falte die Stoffe auseinander.

3 Stecke zwei Gummibänder auf dem Innenstoff fest. Befestige sie auf der Seite ohne Reißverschluss und mit 5 cm Abstand zu den Seitenrändern. Trenne den Reißverschluss auf und lege den losen Teil im Abstand von etwa 20 cm über die Enden der Gummibänder. Die Zähnchen zeigen dabei in Richtung der Bänder. Nähe den Reißverschluss fest und fixiere die Gummibänder alle 6 cm mit wenigen Stichen.

VIDEO

SCHIEBER AUF ENDLOS-REISSVERSCHLUSS FÄDELN

https://youtu.be/1-AZH0eQqBM

4 Nähe knapp an den beiden Teilen des Reißverschlusses entlang. Lege die Kanten des Innenstoffes so übereinander, dass die Reißverschlussseiten aneinander liegen. Ziehe den Reißverschluss auf.

5 Lege den Außenstoff rechts auf rechts auf den Innenstoff. Dadurch entstehen auf einer Seite zwei Taschen. Stecke jeweils die beiden Lagen des Außenstoffes und die des Innenstoffes zusammen. Vernähe die Seiten bis zum Reißverschluss. Achte darauf die Taschen nicht zusammen zu nähen.

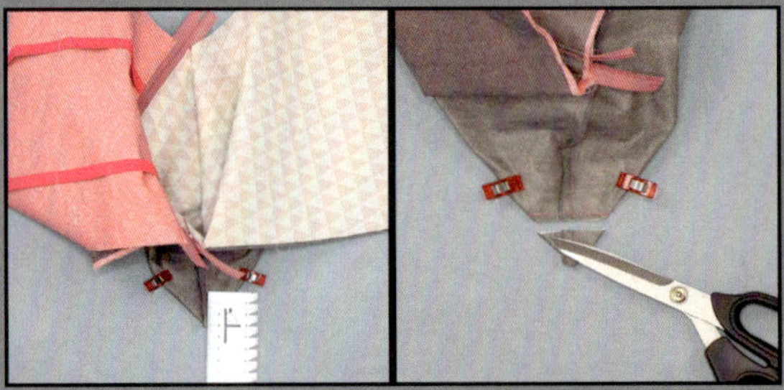

6 Greife durch den Reißverschluss und ziehe die Tasche des Außenstoffes so auseinander, dass an ihren Seiten jeweils ein Zipfel entsteht. Nähe diesen etwa 3 cm von der Spitze gemessen ab. Wiederhole das mit der Tasche des Innenstoffes. Schneide die Nahtzugaben knapp neben der Naht ab.

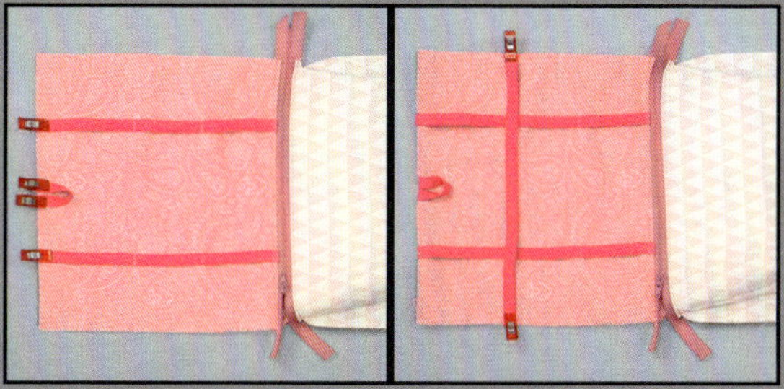

7 Stülpe die Taschen zusammen durch den Reißverschluss, sodass der Innenstoff im Außenstoff liegt. Fixiere das kurze Gummi als Schlaufe in der Mitte der kurzen Seite des Innenstoffes. Die Enden liegen dabei auf der Stoffkante. Stecke das übrige Gummi, mit dem du dein Utensilo später schließen kannst, etwa 6 cm von der kurzen Seite entfernt fest.

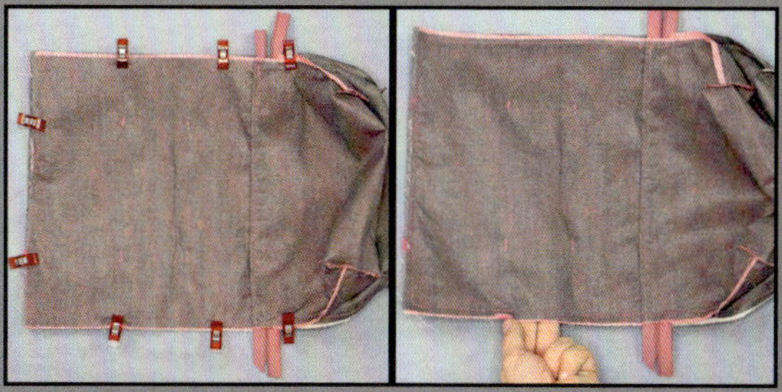

8 Lege den Außenstoff rechts auf rechts auf den Innenstoff. Die beiden Taschen sind dabei nach außen gestülpt und der Reißverschluss ist zur Hälfte geöffnet. Nähe die noch offenen Seiten zusammen. Beginne und ende bei den Nähten der Taschen, der Reißverschluss wird mit übernäht. Lasse eine Wendeöffnung von ca. 5 cm.

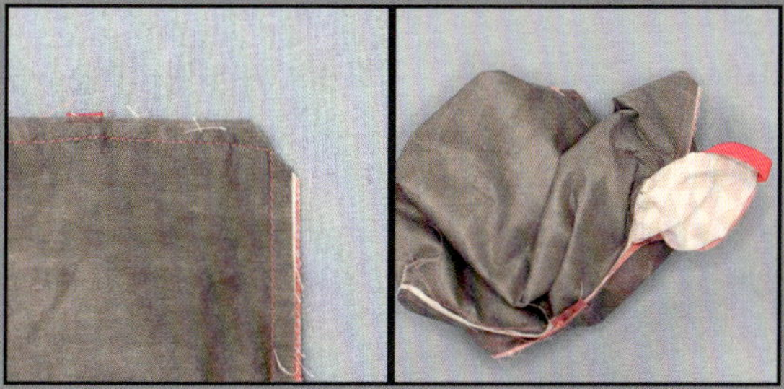

9 Schneide die überstehenden Teile des Reißverschlusses sowie die Ecken knapp bis zur Naht ab. Wende das Utensilo durch die Wendeöffnung. Forme die Ecken gut aus und stecke die Taschen wieder ineinander.

10 Nähe knapp an der Kante entlang einmal um den oberen Teil des Utensilos bis zum Reißverschluss. Achte darauf das Gummi zum Schließen nicht mit festzunähen.

FEDER-MÄPPCHEN

MATERIAL

Außen-/Innenstoff: festere Stoffe wie Canvas, Denim, Cord, Leinenstoffe, Kunstleder, Baumwollstoffe (ggf. mit Bügeleinlage H250 verstärken)

Schlaufe: nicht fransende Materialien wie (Kunst-) Leder oder SnapPap

Endlosreißverschluss

VERBRAUCH

Außenstoff: 30 cm
Innenstoff: 30 cm
Streifen: 5 cm
Endlosreißverschluss: 70 cm

SCHNITTVORLAGEN

INNEN-/AUSSENTEIL

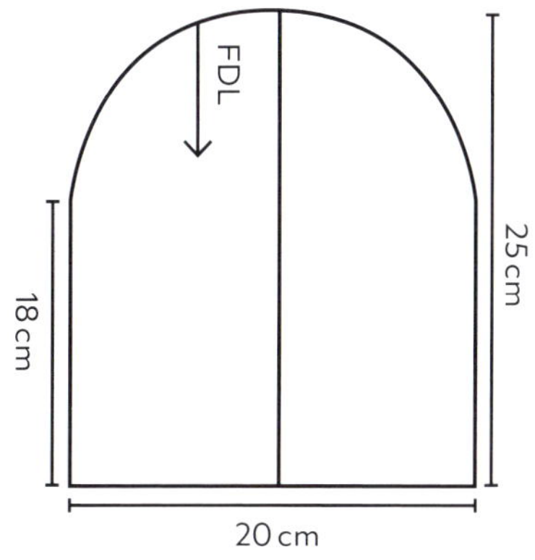

SCHLAUFE

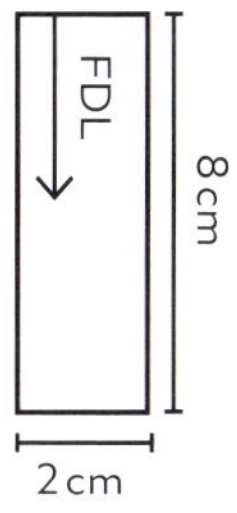

ZUSCHNITT

1x Innenteil
1x Außenteil
2x Schlaufe

ANLEITUNG

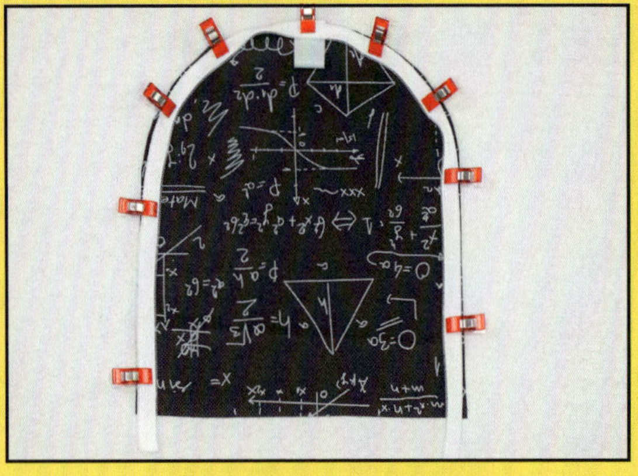

1 Falte einen der Streifen links auf links zu einer Schlaufe zusammen. Stecke sie rechts auf rechts mittig auf die Rundung des Außenstoffes. Die Schlaufe zeigt dabei nach innen. Trenne den Reißverschluss auseinander. Lege eine Hälfte davon auf die Kante der rechten Seite des Außenstoffes. Die Zähnchen zeigen nach innen und liegen auf dem Stoff. Lass den Reißverschluss am Anfang und am Ende einige Zentimeter überstehen. Nähe den Reißverschluss am Außenstoff fest. Am besten geht das mit einem Reißverschlussfüßchen.

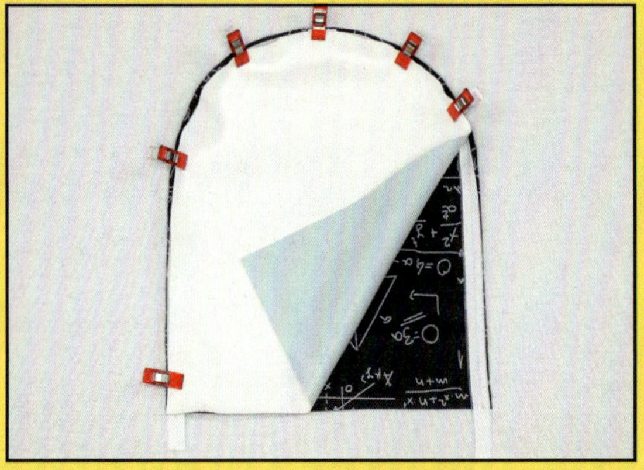

2 Lege den Innenstoff rechts auf rechts auf den Außenstoff und nähe alles zusammen. Achte darauf, dass die Naht außerhalb der Reißverschlusszähnchen verläuft und nicht darüber genäht wird. Schneide die Nahtzugaben in den Rundungen bis knapp vor die Naht alle paar Zentimeter ein, damit der Stoff nach dem Wenden glatt liegen kann.

3 Wende die Stoffe und nähe am Reißverschluss knappkantig entlang.

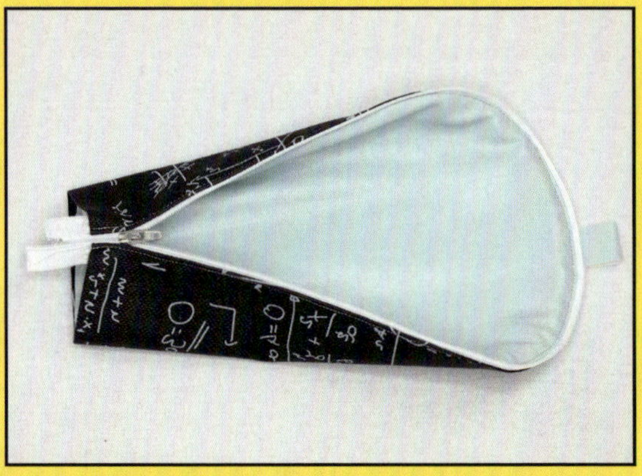

4 Falte die Enden des Mäppchens zur Mitte, sodass die Reißverschlusszähnchen zu dir zeigen. Der Außenstoff liegt unten. Lege die Kanten am Ende exakt übereinander und ziehe den Schieber auf den Reißverschluss. Schließe den Reißverschluss etwas und schneide die Enden bündig ab.

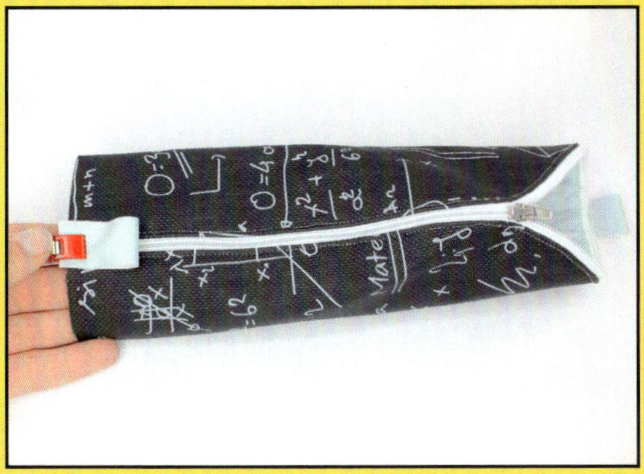

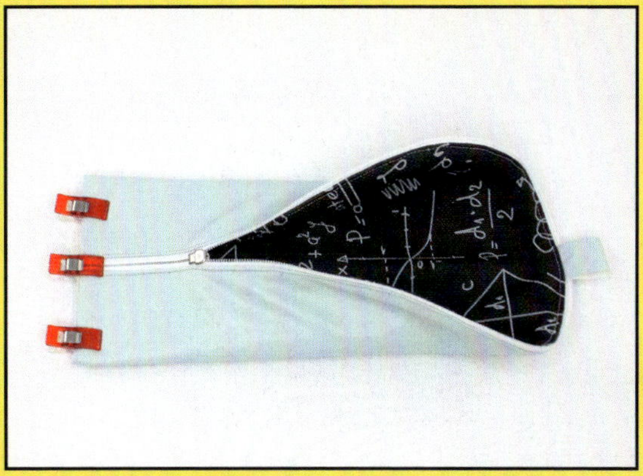

5 Falte den zweiten Stoffstreifen links auf links auf die Hälfte zusammen, lege ihn mittig auf das Ende des Reißverschlusses und stecke ihn am Außenstoff fest.

VIDEO

SCHIEBER AUF ENDLOS-REISSVERSCHLUSS FÄDELN

https://youtu.be/1-AZH0eQqBM

6 Wende das Federmäppchen auf links und lege die offenen Kanten bündig übereinander. Der Reißverschluss liegt in der Mitte. Nähe die Kanten zu und versäubere sie im Anschluss. Wende das Federmäppchen wieder nach außen.

KOSMETIKCLUTCH & ABSCHMINKPADS

KOSMETIKCLUTCH

MATERIAL

festere Webware: Canvas, Samt, Cord, Jeans

fertiger Taschenboden

Endlos-Reißverschluss mit zwei Schiebern

VERBRAUCH

Stoff: ca. 30 cm, je nach Größe

Reißverschluss: ca. 40 cm

SCHNITTVORLAGEN

KOSMETIKCLUTCH

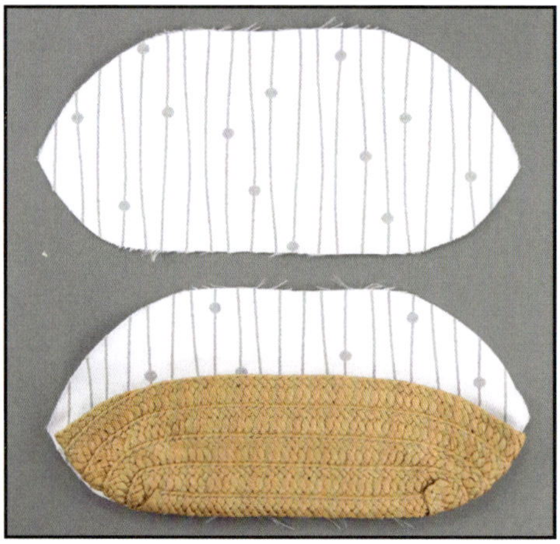

ZUSCHNITT
2x Innenstoff
2x Außenstoff

Die Clutchform richtet sich nach dem Taschenboden.

ABSCHMINKPADS

MATERIAL

Frottee

Baumwollstoff

VERBRAUCH

ca. 10 cm

ABSCHMINKPADS

ZUSCHNITT
1x Vorderteil
1x Rückenteil

+ zzgl. 1 cm Nahtzugabe

ANLEITUNG KOSMETIKCLUTCH

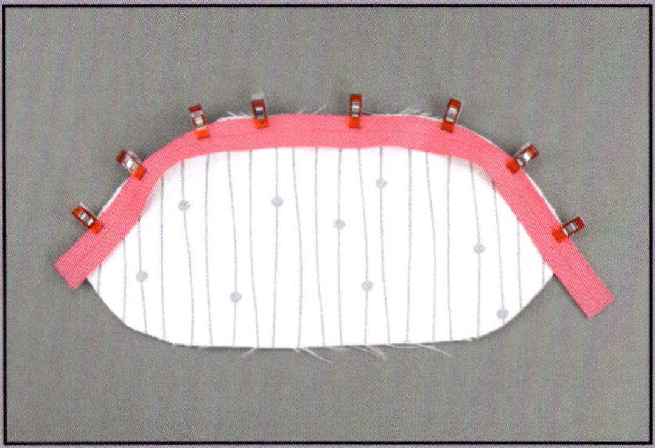

1 Nähe den Reißverschluss auf die rechte Stoffseite des Außenstoffes. Die Zähnchen liegen dabei auf dem Stoff.

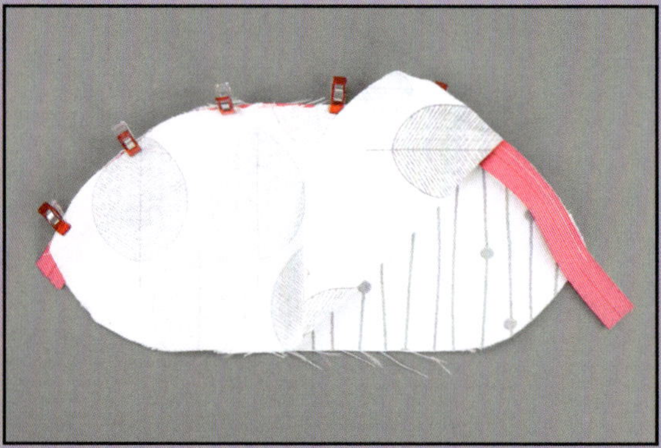

2 Nähe das Futter an den Reißverschluss, indem du es rechts auf rechts auf den Außenstoff legst.

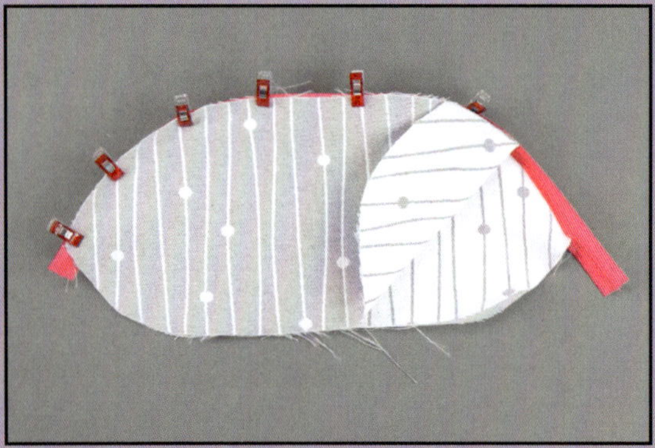

3 Nähe nun auch die beiden anderen Außen- und Innenstoffe an die andere Seite des Reißverschlusses. Du kannst die Kanten zusätzlich noch knapp absteppen.

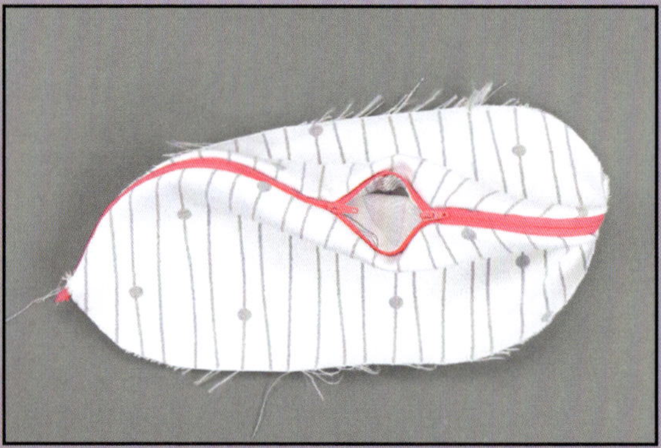

4 Wende die Clutch. Teile den Reißverschluss und ziehe zwei Schieber gegenläufig auf den Reißverschluss auf.

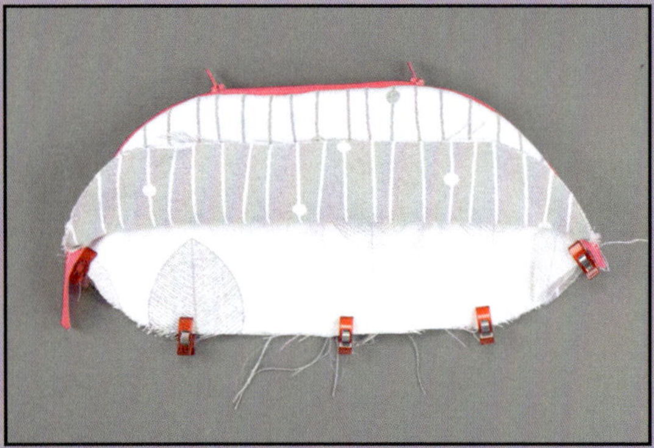

5 Schließe den Boden des Futterstoffes.

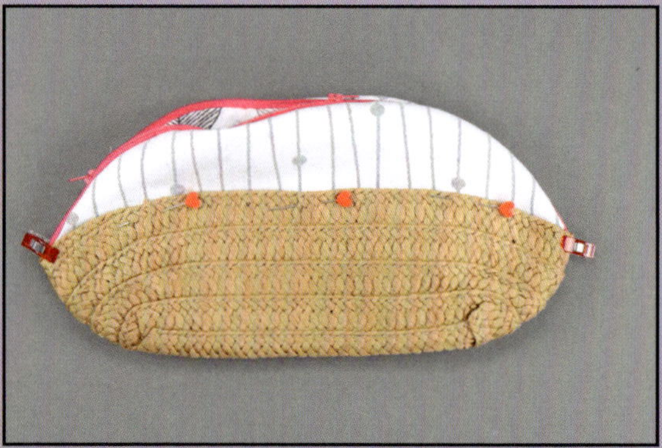

6 Stülpe die Stoffe in den fertigen Boden und nähe ihn mit der Hand fest.

ANLEITUNG ABSCHMINKPADS

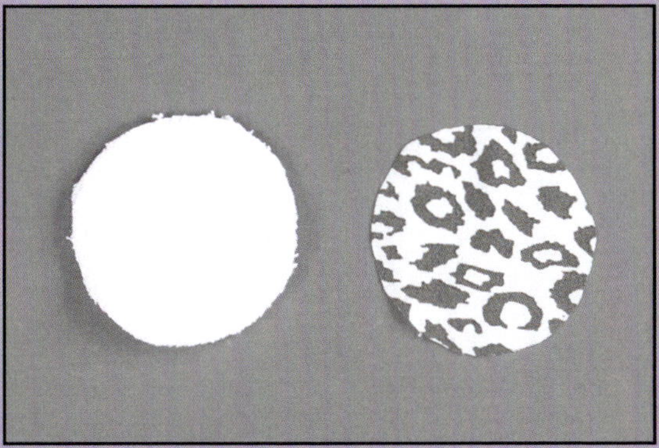

1 Schneide zwei gleich große Kreise aus und lege sie rechts auf rechts aufeinander.

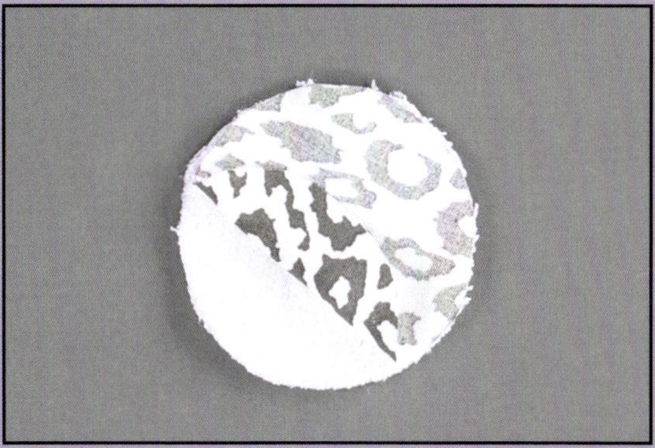

2 Nähe einmal rundherum die Kanten zusammen, lasse dabei aber eine kleine Wendeöffnung von ca. 3–4 cm.

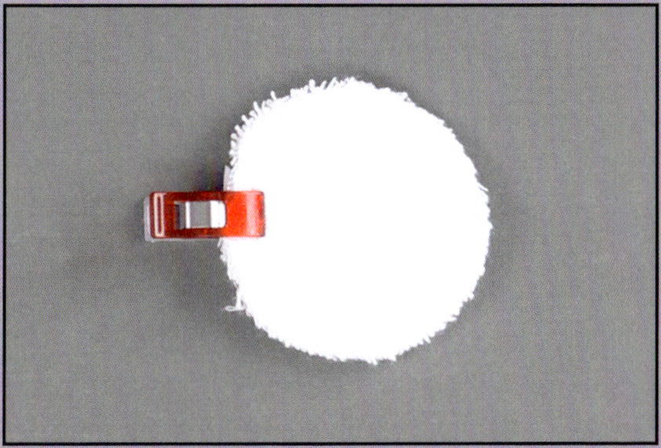

3 Wende die Stoffe durch die Öffnung auf rechts, lege die Nahtzugabe der Wendeöffnung nach innen und steppe rundherum knappkantig ab.

TIPP

Lege vor dem Zusammennähen ein Webband zwischen die Kreise, so entsteht ein praktischer Griff.

BULLET JOURNAL

MATERIAL

Webware: Canvas, Baumwollstoffe

breites Gummiband

Paspelband

Notizbuch (21 x 13 cm)

VERBRAUCH

Stoff: ca. 30 cm

Gummiband: ca. 30 cm

Paspelband: ca. 1,5 m

SCHNITTVORLAGEN

AUSSENSTOFF/INNENSTOFF

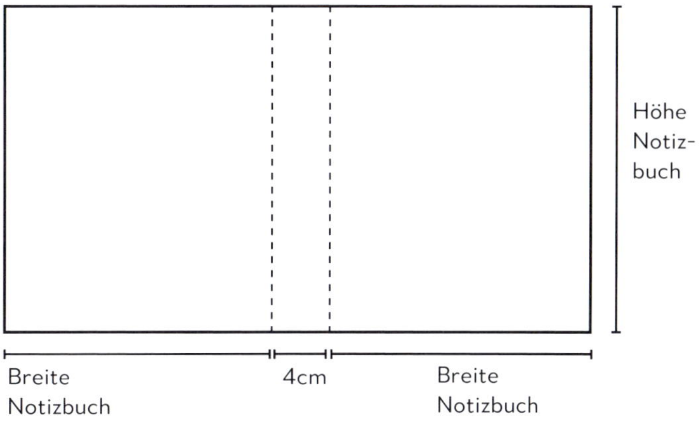

ZUSCHNITT

1x Außenstoff
1x Innenstoff
1x Stifteteil
1x Gummiband
1x Paspel
1x Einschubfach

EINSCHUBFACH

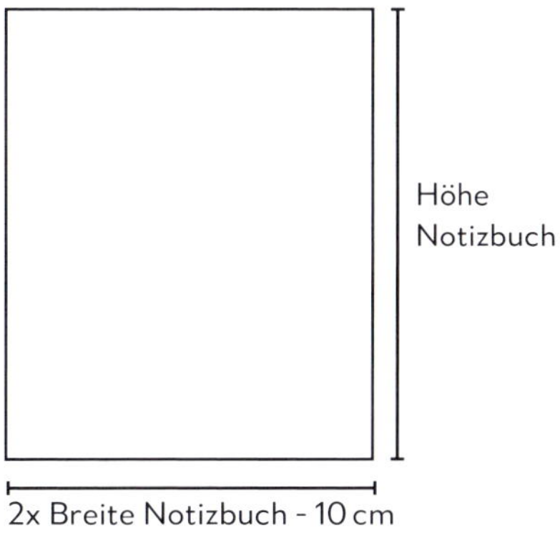

STIFTEHALTER

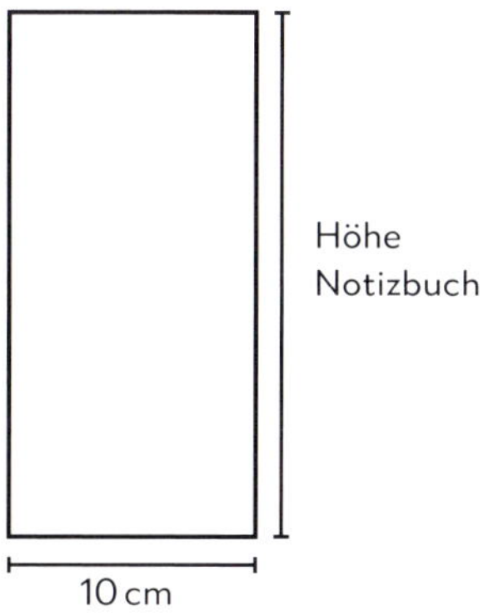

+ zzgl. 1 cm Nahtzugabe

ANLEITUNG

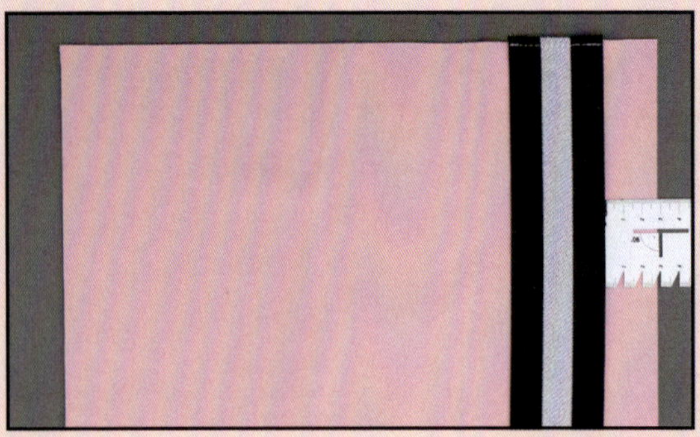

1 Lege das Gummiband ca. 3 cm vom Rand entfernt mit der linken Seite auf die spätere Rückseite des Umschlags und nähe es fest. Das Gummi liegt dabei nicht ganz flach, sondern ist etwa 2 cm länger als der Umschlag und steht etwas ab.

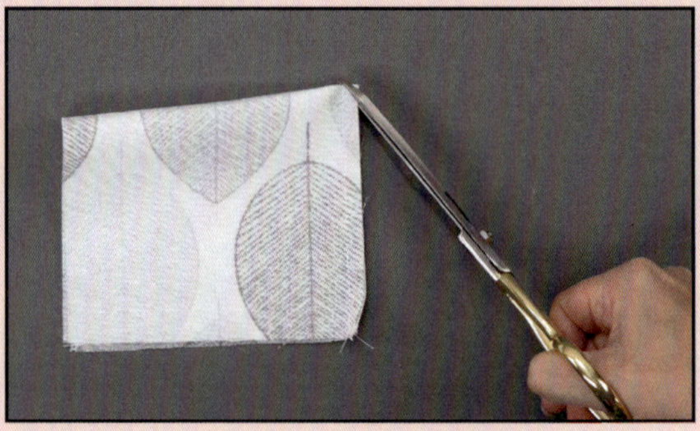

2 Lege das Stifteteil rechts auf rechts und nähe es an zwei Seiten zusammen. Schneide die Ecke, an der die Nähte aufeinander treffen, schräg ab und wende das Teil.

3 Lege das Stifteteil links unten auf das Futterteil und fixiere es am Rand in der Nahtzugabe mit ein paar Stichen.

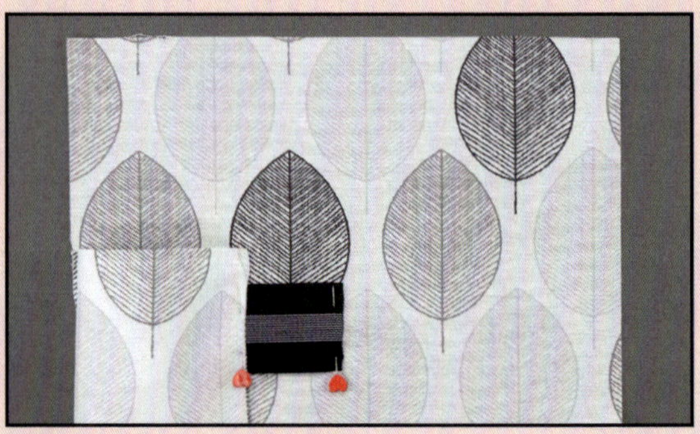

4 Fixiere die gegenüberliegende Seite des Stifteteils ca. 10 cm vom Rand entfernt. Lege das kurze Gummi seitlich mit darunter und nähe beides zusammen am Futter fest.

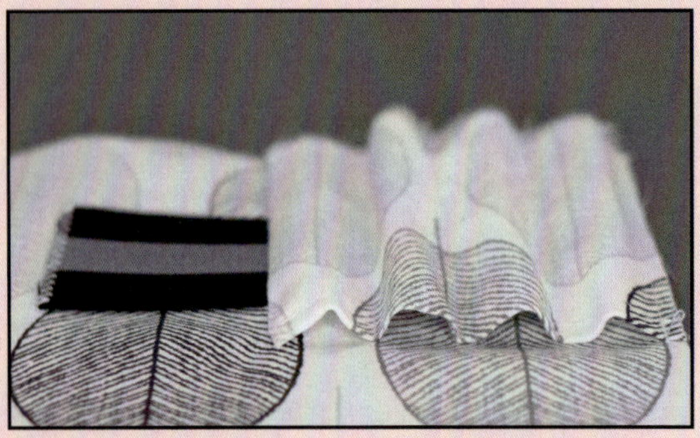

5 Nähe das Stifteteil im Abstand von jeweils etwa 3 cm so fest, dass sich einzelne Fächer für die Stifte bilden. Fixiere im Anschluss das Gummiband.

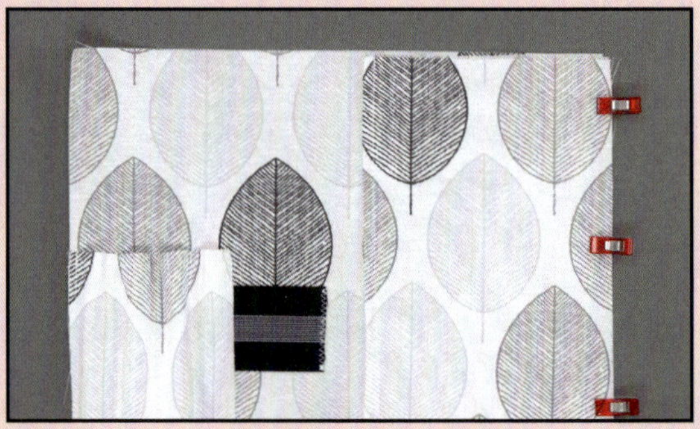

6 Lege das Schubfachteil links auf links zusammen und lege es rechts auf das Futterteil.

7 Nähe die Paspel rund herum auf der rechten Seite des Außenteils fest. Für saubere Ecken die Paspel bis zur Wulst einschneiden.

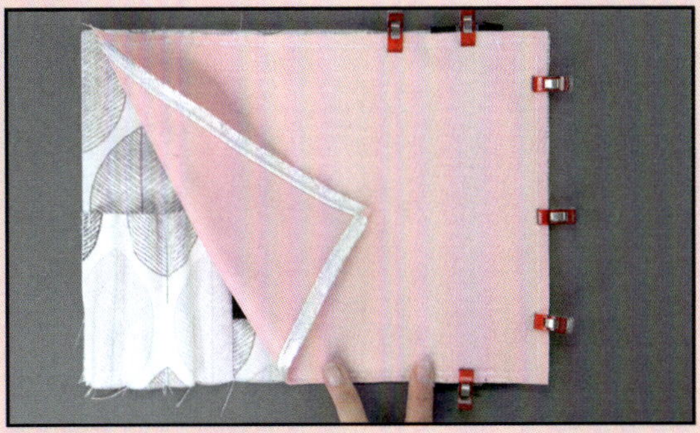

8 Lege das Außenteil rechts auf rechts auf das Futter und nähe alles zusammen. Lasse dabei eine Wendeöffnung von etwa 5 cm. Wende alles durch die Wendeöffnung und schließe die Öffnung entweder per Hand mit dem Leiterstich oder nähe sie knappkantig mit einem Geradstich zu.

TIPP

Nähe dir Hüllen aus verschiedenen Stoffen, dann ist dein Bullet Journal nicht nur praktisch, sondern auch ein It-Piece.

NACKEN-ROLLE

MATERIAL

Jeder Stoff ist geeignet

Bänder, z. B. Risp- oder Satinbänder

Kissen

VERBRAUCH

Stoff: je nach Innenkissen ca. 1 m

Bänder: ca. 40 cm

Innenkissen

SCHNITTVORLAGEN

RECHTECK

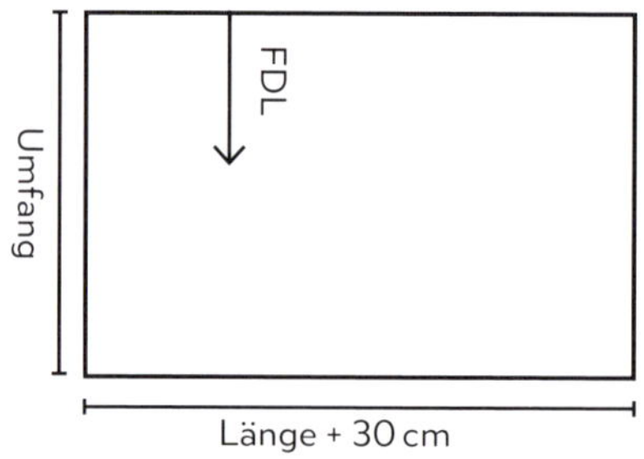

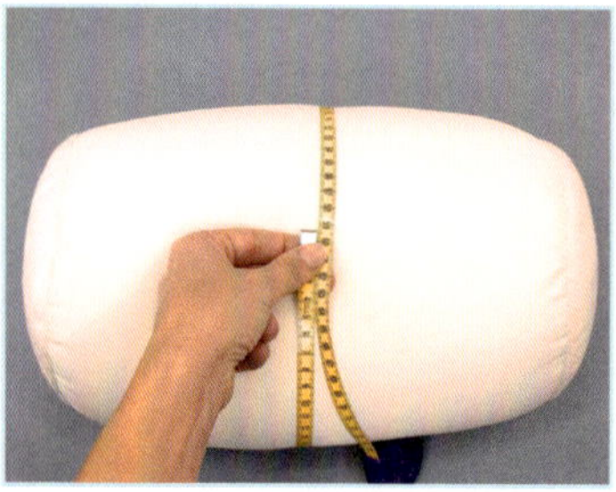

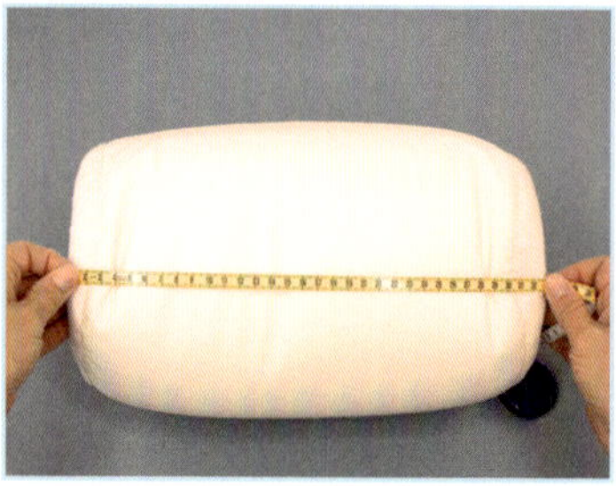

ZUSCHNITT

1x Rechteck in der entsprechenden Größe

ANLEITUNG

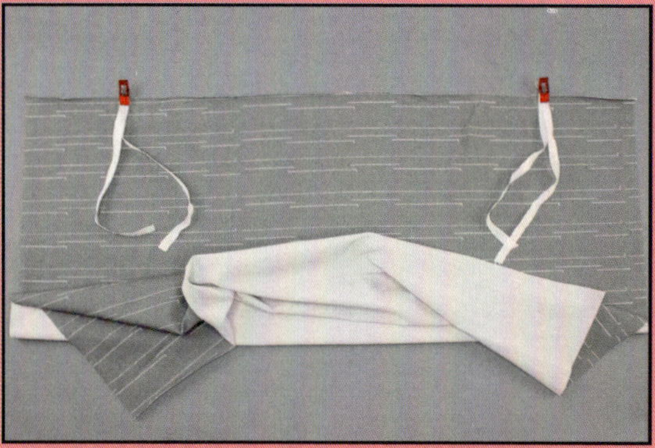

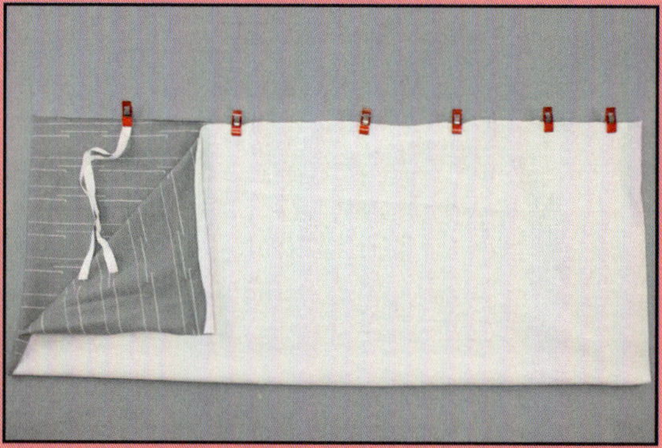

1 Schlage bei ausfransenden Stoffen die Seitenränder zweimal je 1 cm nach innen ein und nähe sie fest. Nicht-fransende Stoffe können unversäubert bleiben. Schneide dir 2 Bänder von je ca. 20 cm Länge zu und lege sie zur Hälfte zusammen. Stecke die Bänder mit der geschlossenen Seite auf eine der langen Stoffkanten fest. Halte dabei 10 cm Abstand zu den Seitenrändern ein.

2 Lege die gegenüberliegende Stoffkante auf die Kante mit den Bändern und nähe sie zusammen.

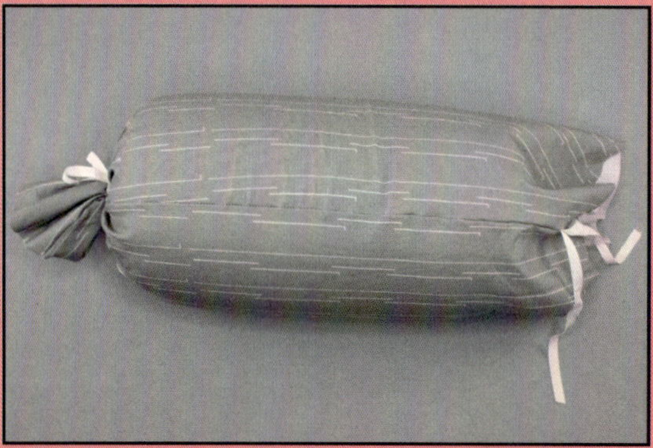

3 Wende den Bezug durch eine der offenen Seiten, ziehe ihn über das Innenkissen und verschließe die Seiten mit den Bändern.

KISSEN-BEZUG

MATERIAL

Baumwollstoffe oder festere Stoffe wie Canvas, Denim, Cord, Leinenstoffe

Endlosreißverschluss

Innenkissen

VERBRAUCH

Stoff: 40 cm
Endlosreißverschluss: 35 cm
Kissen: 35 x 35 cm

SCHNITTVORLAGEN

KISSENBEZUG

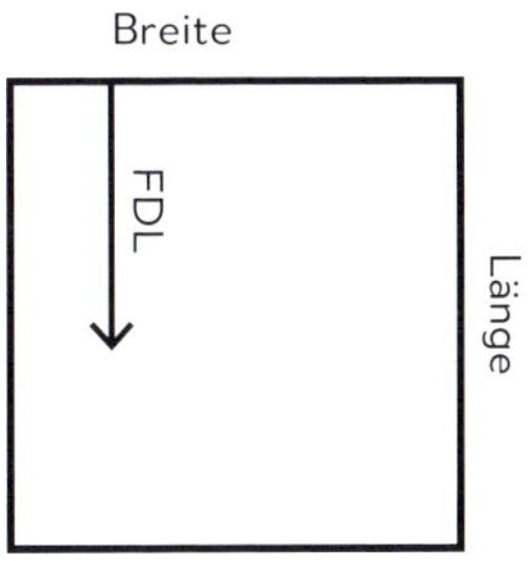

ZUSCHNITT

1x Vorderseite 37 x 37 cm
1x Rückseite 37 x 37 cm

ANLEITUNG

1 Lege die Vorderseite rechts auf rechts auf die Rückseite. An der unteren Seite des Kissens müssen die Enden „verriegelt" werden, indem du von den Seiten aus jeweils 5 cm mit einer Stichlänge von 2–3 nähst. Das Stück zwischen den beiden Nähten wird mit der maximalen Stichlänge zusammengenäht (geheftet). Bügele die Nahtzugabe flach auseinander.

2 Klappe die Stoffteile auseinander und lege den Reißverschluss auf die Heftnaht. Der Schieber liegt dabei auf dem Stoff und endet außerhalb der Heftnaht. Stecke alles gut fest oder fixiere den Verschluss mit Klebefilm. Nähe auf beiden Seiten des Reißverschlusses knapp neben den Zähnchen den Reißverschluss fest. Am besten geht das mit einem Reißverschlussfüßchen. Beginne exakt an der Heftnaht und entferne rechtzeitig den Klebefilm. Öffne den Reißverschluss so weit, dass der Schieber auf der Heftnaht liegt und nähe über die Enden des Reißverschlusses.

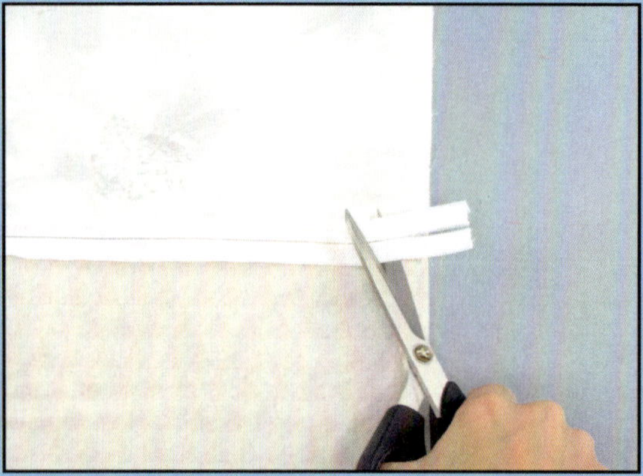

3 Schneide die überstehenden Teile des Reißverschlusses ab und trenne die Heftnaht mit einem Nahtauftrenner vorsichtig auf.

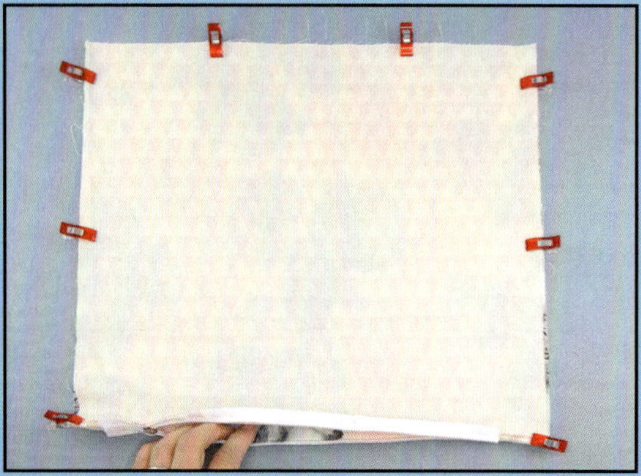

4 Öffne den Reißverschluss. Lege die Stoffteile rechts auf rechts aufeinander und nähe sie füßchenbreit zusammen. Versäubere danach die Kanten mit einem breiten Zickzackstich. Nun kannst du den Kissenbezug durch den Reißverschluss wenden.

HAND-SCHUHE

MATERIAL

dehnbare Stoffe: Jaquard-jersey, Jersey, Strickstoffe, Strickfleece, Sweat

VERBRAUCH

ca. 30 cm

SCHNITTVORLAGEN

HANDSCHUH

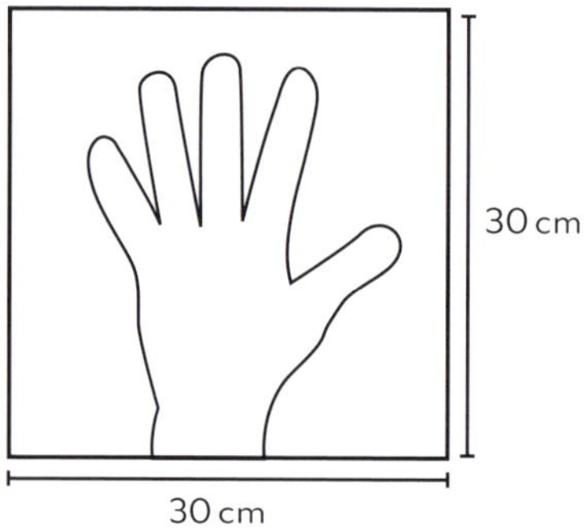

BÜNDCHEN

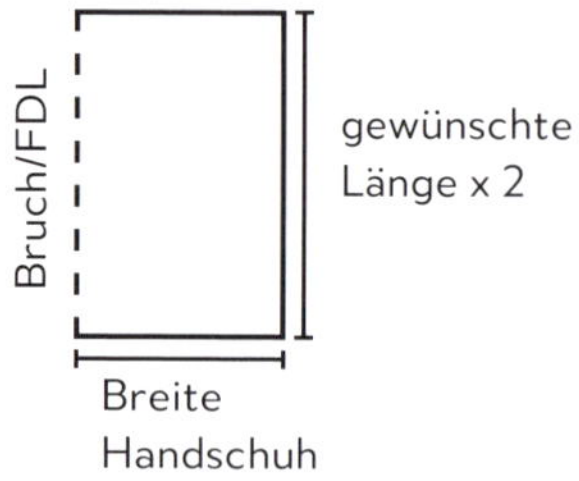

ZUSCHNITT

2x rechte Hand
2x linke Hand
2x Bündchen

ANLEITUNG

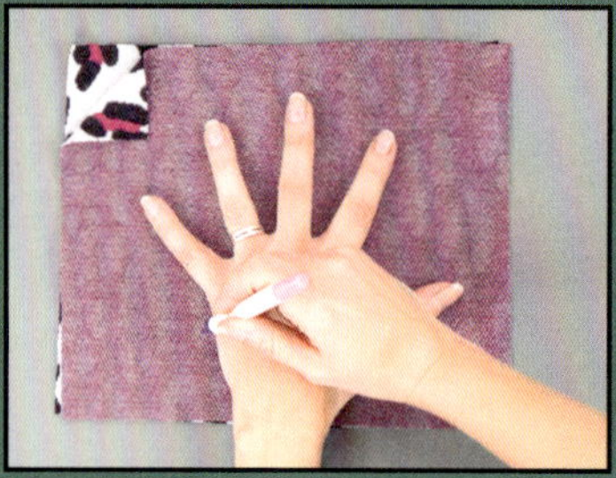

1 Lege den Stoff rechts auf rechts doppelt und zeichne deine Hände mit gespreizten Fingern auf den Stoff.

2 Nähe mit einem Abstand von 3 mm außerhalb der Linien die Stoffe zusammen. An den Stellen zwischen den Fingern musst du 3 mm über die Linien nähen, damit die Finger später nicht zu kurz werden. Achtung: die Nähte dürfen sich zwischen den Fingern nicht berühren.

3 Gehe mit der Hand in den Handschuh und teste, ob er passt. Sollte er zu eng oder zu weit sein, kannst du es jetzt noch korrigieren.

4 Wenn der Handschuh passt, schneide ihn knapp an der Naht entlang aus. Schneide auch zwischen den Fingern so weit es geht bis zur Naht. Achtung: Die Naht dabei nicht treffen, sonst entsteht ein Loch.

5 Nähe das Bündchen über die lange Seite rechts auf rechts zu einem Ring zusammen. Lege den Ring doppelt zusammen, sodass die linken Stoffseiten innen aufeinander liegen.

6 Stülpe das Bündchen rechts auf rechts über den Handschuh. Die Naht des Bündchens trifft dabei auf die Naht, die zum kleinen Finger führt. Verteile den Stoff des Bündchens gleichmäßig gedehnt entlang der Kante des Handschuhs und nähe das Bündchen an. Klappe es anschließend zurück.

VIDEO

HANDSCHUHE NÄHEN

https://youtu.be/LhkPmw9pouw

SCHLAF-MASKE

MATERIAL
Baumwollstoffe, Viskose, Popeline, Denim, Canvas

Vlies H 630

schmales Gummiband

VERBRAUCH
Stoffe: 20 x 30 cm
Vlies: 20 x 30 cm
Gummiband: ca. 20 cm

ZUSCHNITT
2x Stoff im Bruch
1x Vlies im Bruch
1x oder 2x Gummiband

SCHNITTVORLAGEN

ORIGINALGRÖSSE

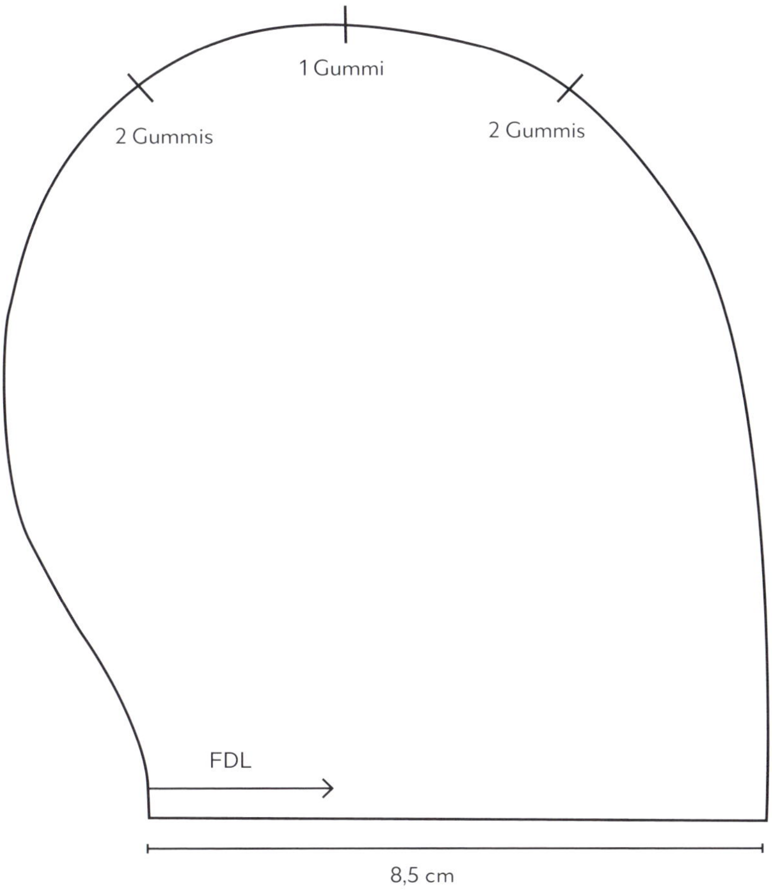

ANLEITUNG

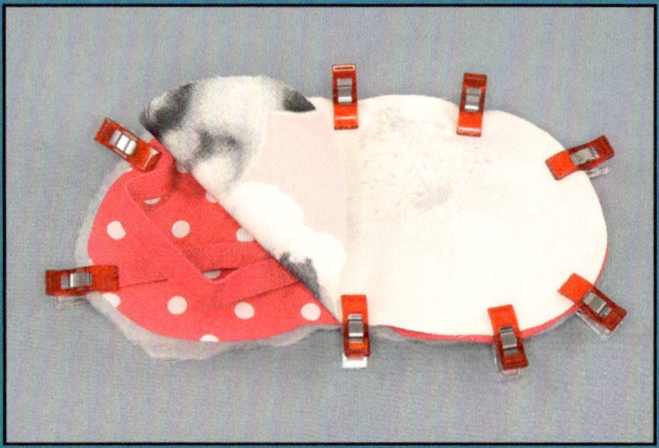

1 Verstärke eines der Stoffteile mit Bügelvlies. Lege nun ein bis zwei Gummibänder entsprechend der Markierungen im Schnittmuster auf die rechte Stoffseite. Lege das andere Stoffteil rechts auf rechts darüber und stecke alles fest.

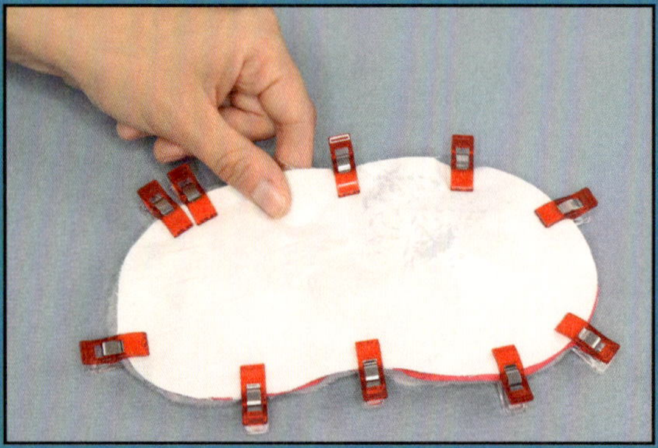

2 Nähe die Maske füßchenbreit zusammen. Lass oben eine Wendeöffnung von ca. 5 cm.

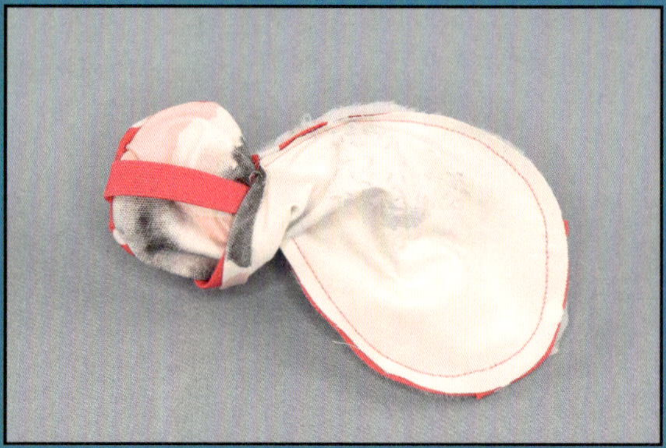

3 Wende die Maske durch die Wendeöffnung.

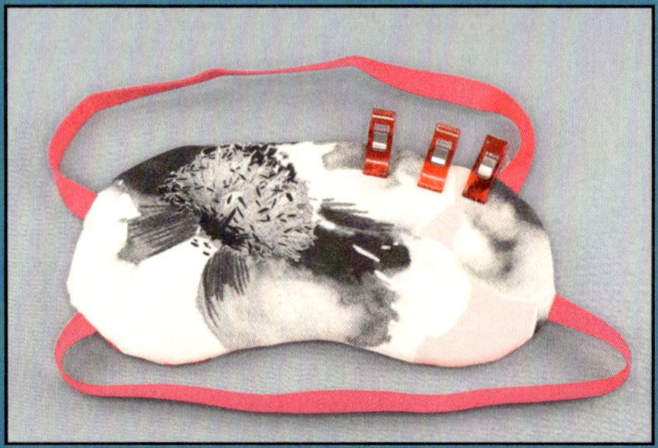

4 Schließe die Wendeöffnung, indem du die Nahtzugabe nach innen schlägst und feststeckst.

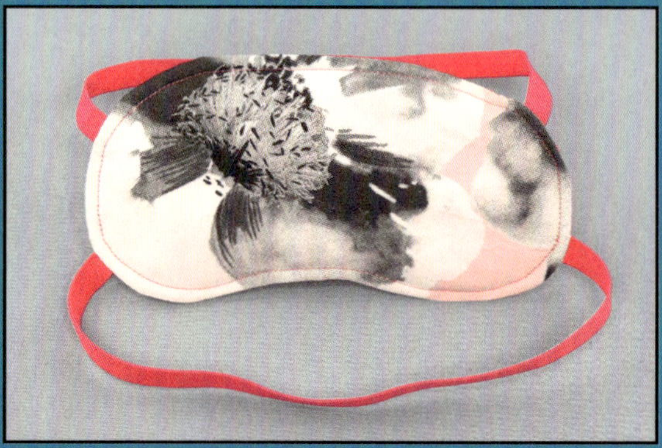

5 Nähe einmal knapp entlang der Kante um die gesamte Maske mit einem Gerad- oder Zickzackstich herum. Achte darauf, die Gummibänder nicht mit festzunähen.

TIPP

Perfekt für eine Mütze Schlaf für unterwegs oder gemütlich daheim im Bett.

UTENSILO

MATERIAL

Außenstoff: festerer Stoff mit etwas Stand wie Canvas, Denim, Cord, (Kunst-) Leder, Jaquard, Velur

Innenstoff: leichtere Stoffe wie Baumwollstoffe, Bastist, Jersey

Vlieseline H 250

VERBRAUCH

Der Stoffverbrauch ist abhängig von der Größe des Utensilos.

SCHNITTVORLAGEN

UTENSILO

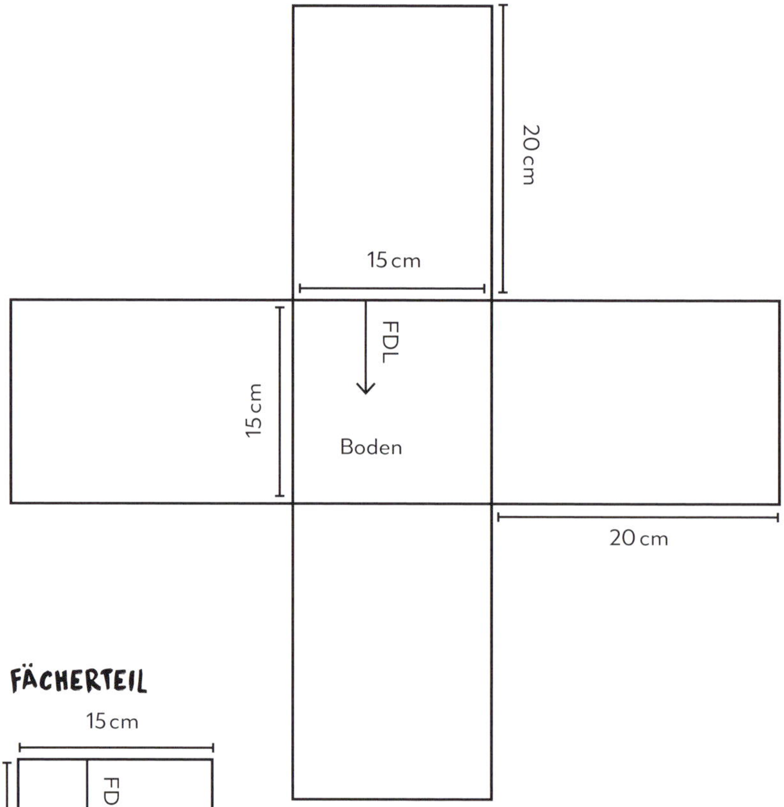

FÄCHERTEIL

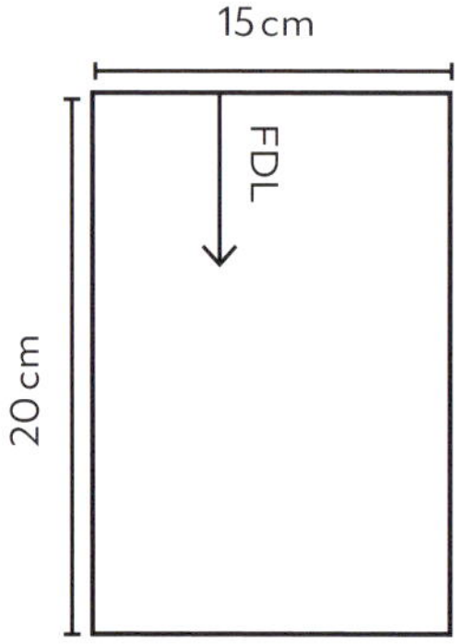

ZUSCHNITT

1x Außenstoff
1x Innenstoff
1x Vlieseline H250

EAU
EAU

ANLEITUNG

1 Bügele die Vlieseline von links auf den Außenstoff.

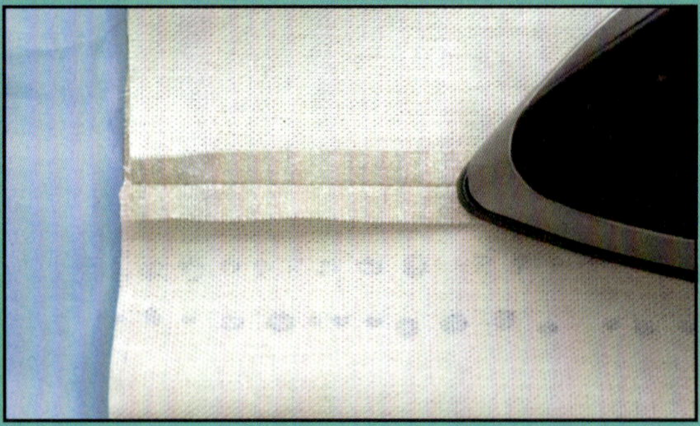

2 Falte das Fächerstück rechts auf rechts zusammen, nähe die lange Seite zusammen und bügele die Nahtzugabe mittig auseinander. Wende das Rechteck.

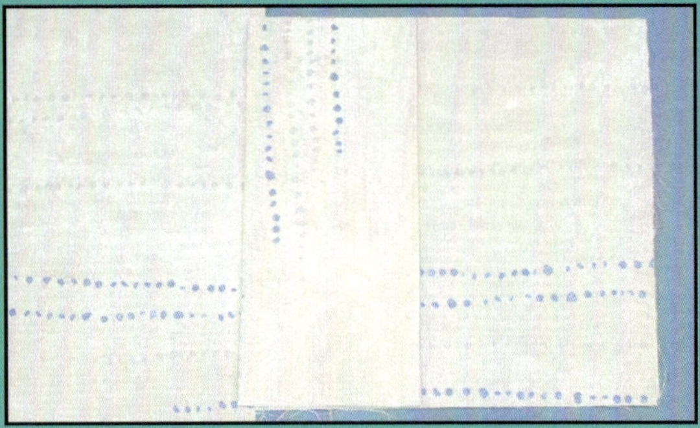

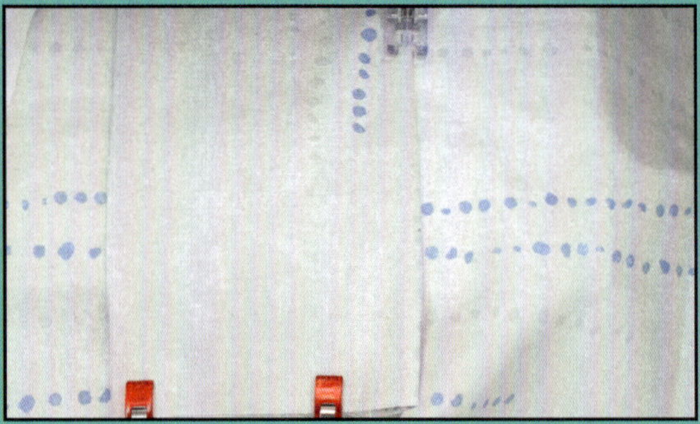

3 Lege das Fächerstück rechts auf rechts bündig auf eine passende Seite des Außenstoffes. Der spätere Boden des Fächers liegt dabei 1 cm auf dem späteren Boden des Utensilos. Nähe den Boden des Fächers fest und und fixiere ihn insgesamt am Außenteil, indem du parallel zu den Seitennähten beliebig viele Nähte setzt, die später kleine Fächer bilden.

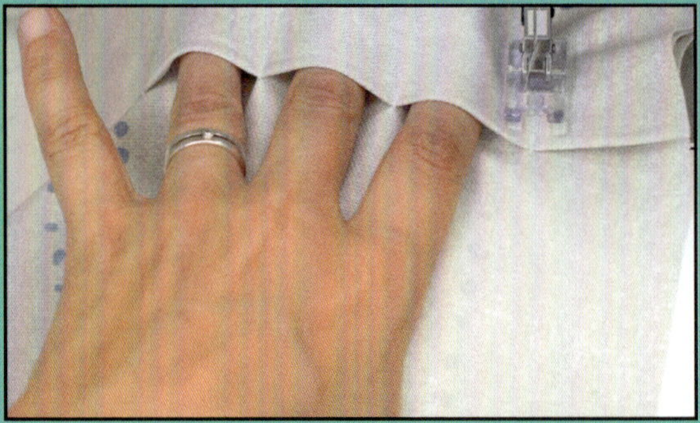

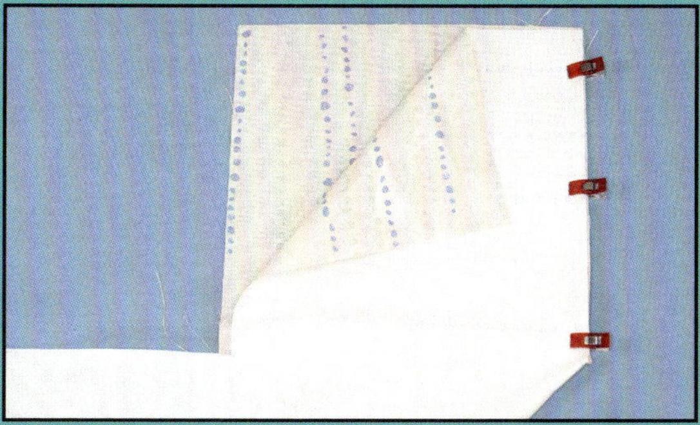

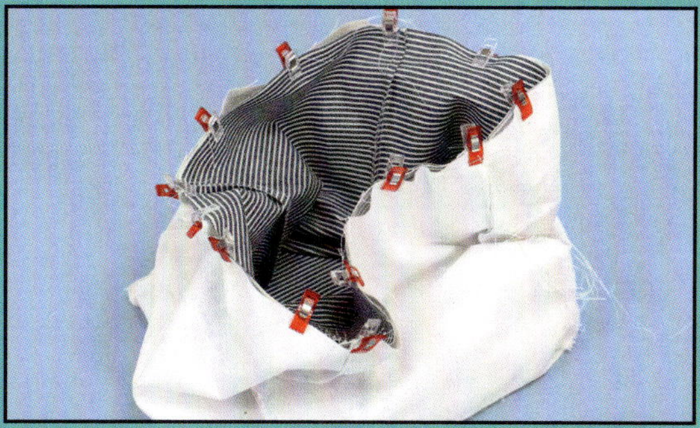

4 Nähe die Seitenteile des Utensilos, die nebeneinander liegen, jeweils rechts auf rechts zusammen. Schließe so alle vier Seiten.
Nähe den Innenstoff ohne das Fächerstück genauso zusammen.

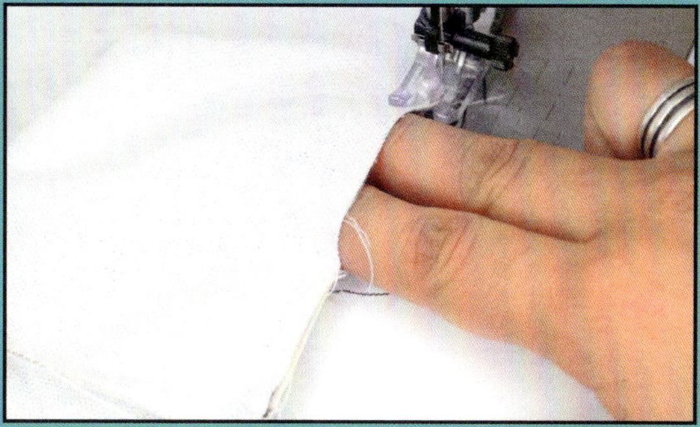

5 Lege den Innenstoff rechts auf rechts in den Außenstoff und schließe die offenen Kanten. Lass dabei eine Wendeöffnung von ca. 5 cm.

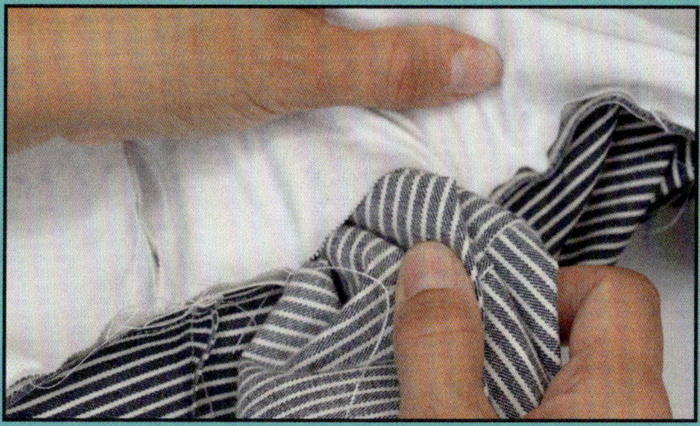

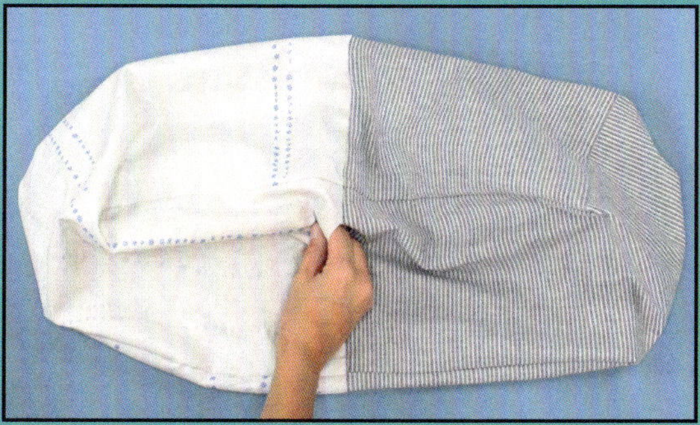

6 Ziehe den Stoff durch die Wendeöffnung nach außen und stülpe den Innenstoff in den Außenstoff.

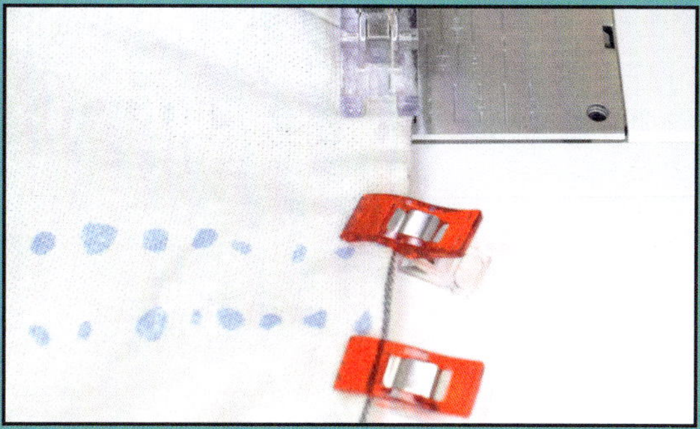

7 Lege die Nahtzugabe der Wendeöffnung nach innen und nähe die obere Kante rundherum ab.

HERZ-TÄSCHCHEN

MATERIAL

festere Stoffe wie Canvas, Denim, Cord, Leinenstoffe, Kunstleder, Baumwollstoffe

Reißverschluss

VERBRAUCH

Stoff: 30 cm
Reißverschluss: 15 cm

ZUSCHNITT

1x Rückseite im Bruch
2x Vorderseite (gegengleich)
2x Streifen (3 x 8 cm)

SCHNITTVORLAGEN

VORDER-/RÜCKSEITE ORIGINALGRÖSSE

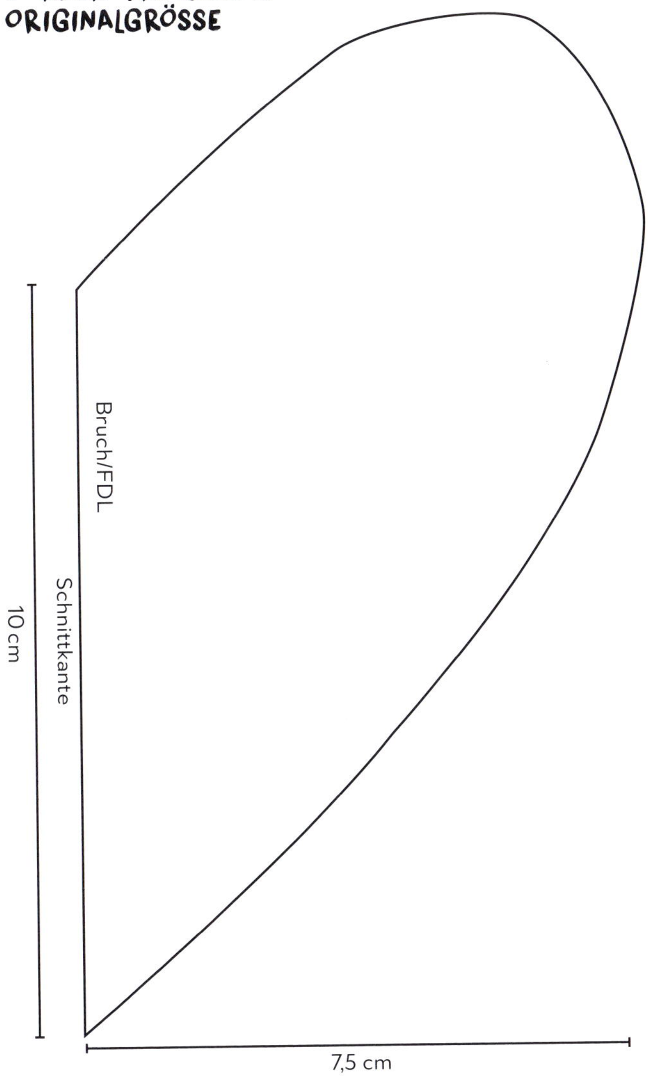

ANLEITUNG

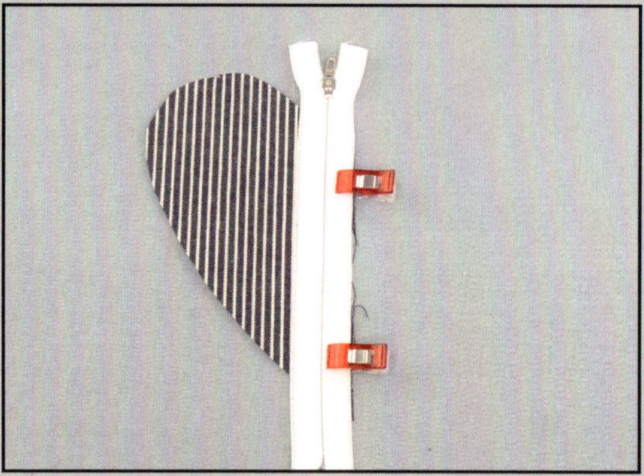

1 Nähe den Reißverschluss rechts auf rechts an die Kante eines Herzteils.

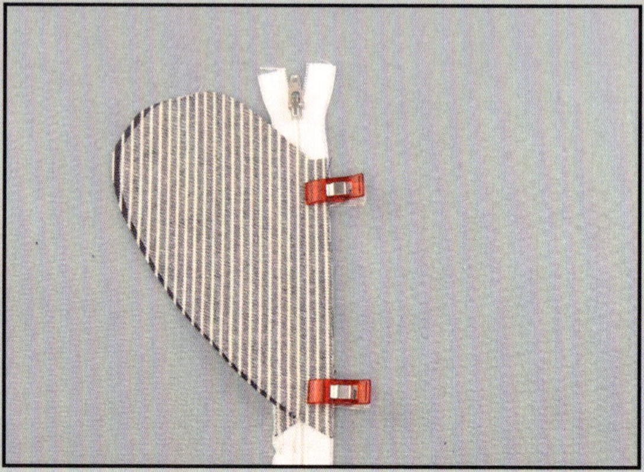

2 Klappe den Reißverschluss zurück und nähe das zweite Herzteil rechts auf rechts auf die Kante des Reißverschlusses.

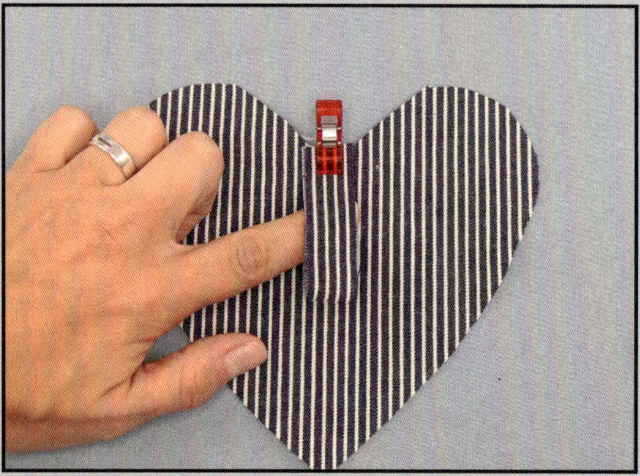

3 Lege die beiden Streifen rechts auf rechts aufeinander und nähe sie an den langen Seiten zusammen. Wende sie durch eine der kurzen Seiten nach außen und bügele sie flach. Lege den so entstandenen Streifen zu einer Schlaufe und fixiere die Enden mittig auf dem Rückenteil.

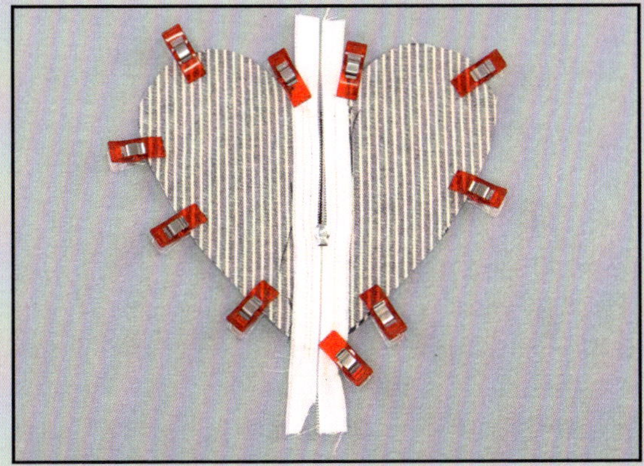

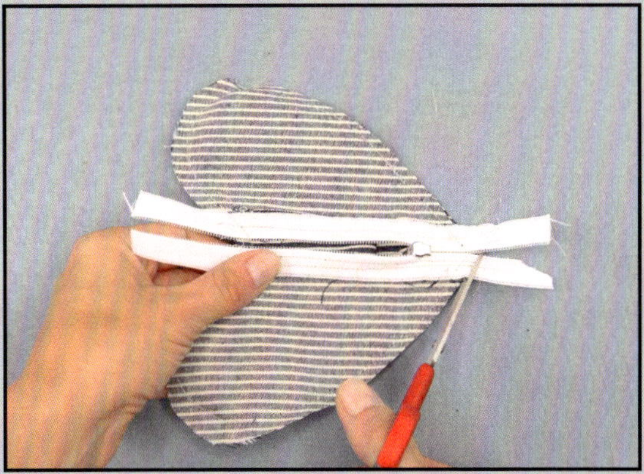

4 Öffne den Reißverschluss etwas und lege das Vorderteil rechts auf rechts auf das Rückenteil. Nähe alles zusammen. Schneide die überstehenden Kanten, Teile des Reißverschlusses sowie die Nahtzugabe knapp bis zur Naht zurück.

5 Wende das Herz durch den Reißverschluss. Forme die Kanten gut aus und nähe einmal außen knapp am Rand mit einem breiten Zickzack- oder Zierstich entlang. Zum Befestigen des Herztäschchens kannst du einen kleinen Karabiner verwenden.

RUCKSACK

MATERIAL

Außenstoff und Halterung: strapazierfähigere Stoffe wie Canvas, (Kunst-) Leder, Cord, Denim, Softshell, Wachstuch

Innenstoff: dünnere Stoffe wie Baumwollstoffe, Jersey

Kordel

VERBRAUCH

Außenstoff: 40 cm
Innenstoff: 90 cm
Kordel: 4 m

SCHNITTVORLAGEN

INNENTEIL

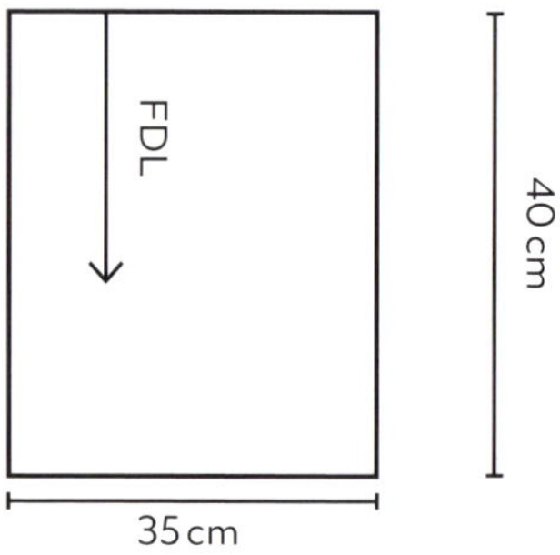

OBERES AUSSENTEIL

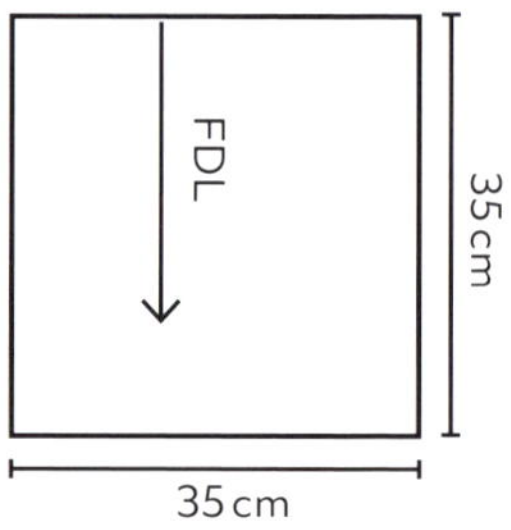

HALTERUNG

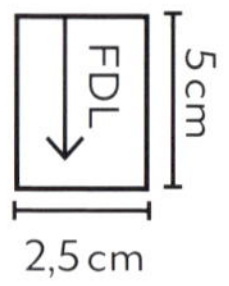

UNTERES AUSSENTEIL

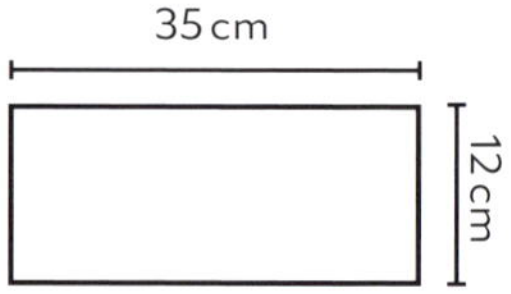

ZUSCHNITT

2x oberes Außenteil
2x unteres Außenteil
1x Innenteil im Bruch
2x Halterung
2x Kordel 2 m

ANLEITUNG

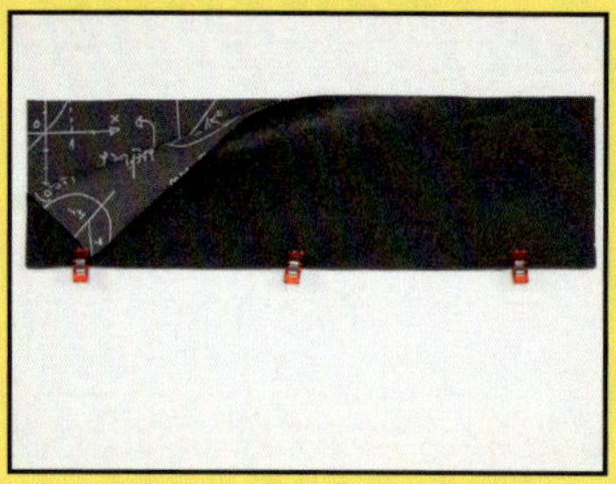

1 Nähe die beiden unteren Außenstücke rechts auf rechts zusammen. Achte darauf, dass bei gemusterten Stoffen die Kanten so aufeinander liegen, dass das Muster später nicht auf dem Kopf steht.

2 Lege jeweils ein oberes Außenstück rechts auf rechts auf eine lange Seite des unteren Außenstücks und nähe sie zusammen.

3 Falte die Nahtzugaben der oberen und unteren Außenstücke nach oben und nähe von außen knapp an der Naht entlang. Wenn du Kunstleder, Wachstuch, Softshell o.ä. verwendest, erhöhe etwas die Stichlänge und verwende am besten einen Spezialnähfuß aus Keramik, damit sich das Material nicht verzieht. Du kannst auch einen Streifen Backpapier auf das Material legen, den du im Anschluss einfach vorsichtig zur Seite hin abreißt.

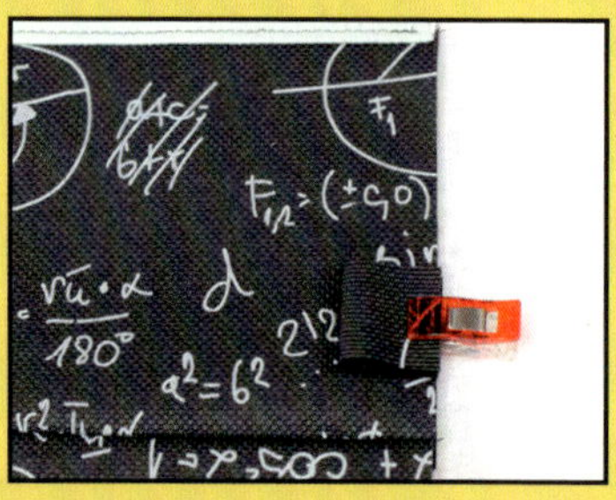

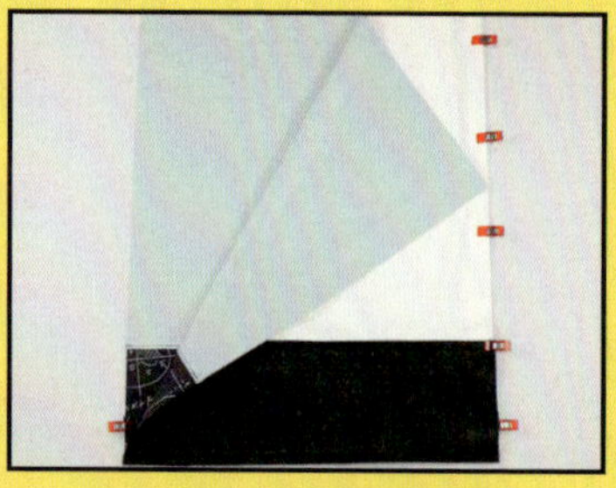

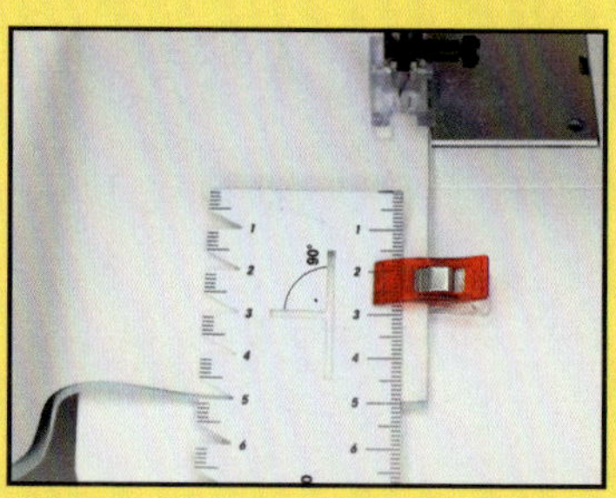

4 Lege die beiden kleinen Stoffteile links auf links zu einer Schlaufe zusammen und stecke sie ca. 3 cm oberhalb des Bodens mit den offenen Kanten bündig fest. Lege den Außenbeutel rechts auf rechts und schließe die Seitennähte von unten bis 5 cm vor der oberen Kante.

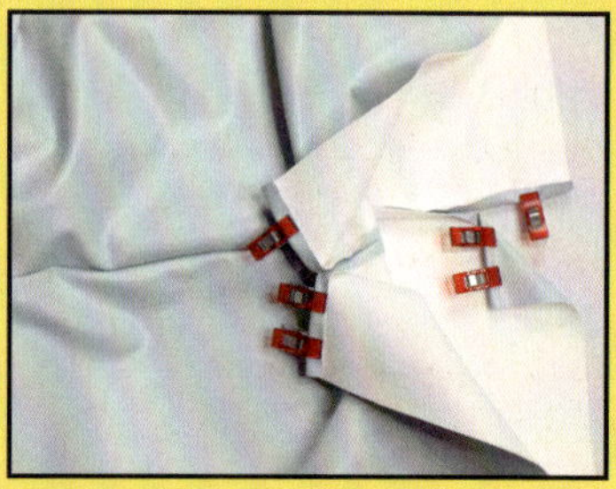

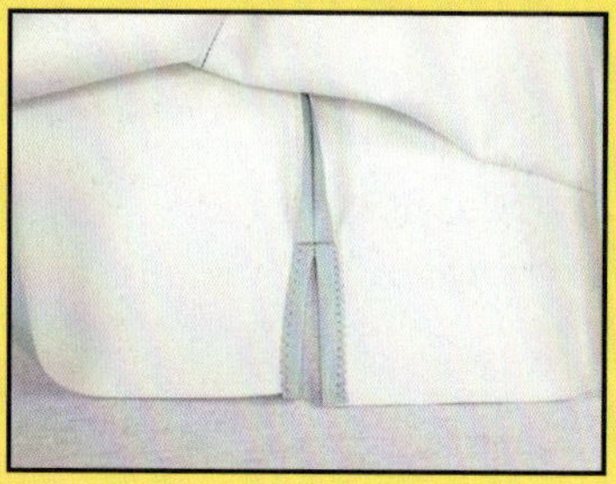

5 Falte die Nahtzugabe an den Seiten auseinander und nähe sie im oberen Teil fest.

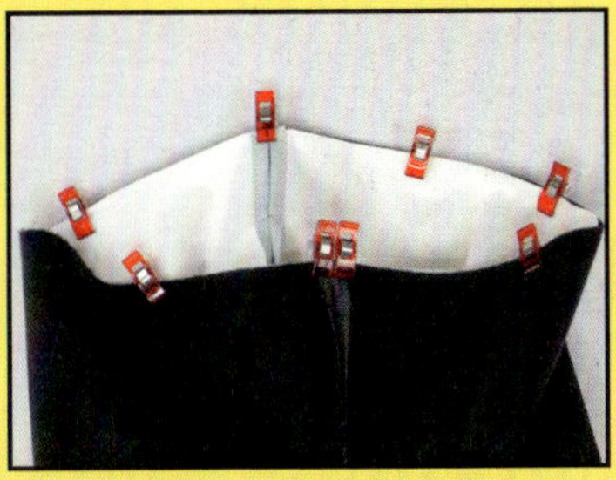

6 Falte den Innenbeutel über die schmale Seite rechts auf rechts und schließe die Seiten- und Bodennaht. Lass an einer Seite eine Wendeöffnung von ca. 10 cm.

7 Lege den Außenbeutel rechts auf rechts in den Innenbeutel und schließe die Kante. Die nicht geschlossenen Teile der Seitennähte des Außenbeutels liegen dabei eng zusammen.

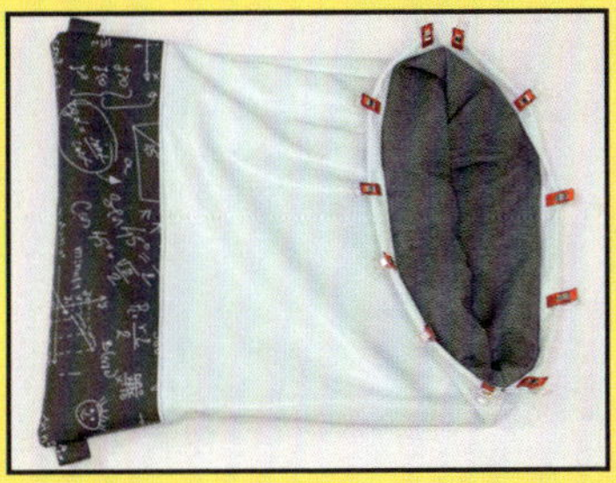

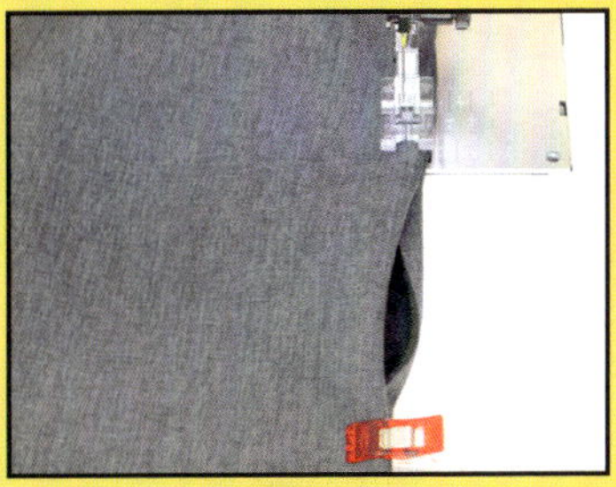

8 Wende die Beutel durch die Öffnung und stülpe den Innenbeutel so weit in den Außenbeutel, dass der Außenbeutel 2 cm mit im Innenbeutel liegt und so ein Tunnel entsteht.

9 Nähe den Innenbeutel an den Außenbeutel, indem du ihn mit einem Zickzackstich unterhalb des Tunnels absteppst. Schließe die Wendeöffnung, indem du die Nahtzugabe nach innen schlägst und sie knappkantig zunähst.

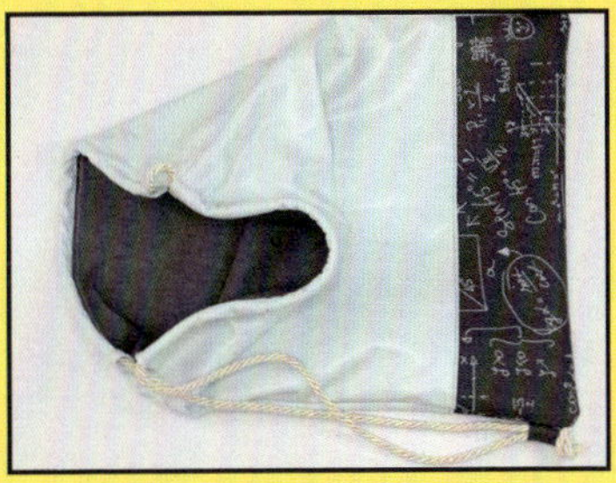

10 Ziehe mit einer Sicherheitsnadel die Kordel durch beide Seiten des Tunnels. Führe beide Enden durch eine Schlaufe und verknote sie darunter. Verknote anschließend die zweite Kordel auf die gleiche Weise.

MATERIAL

dehnbare Stoffe wie Jersey, Viskosejersey, Strickstoffe

VERBRAUCH

40 cm

BEANIE

SCHNITTVORLAGEN

ORIGINALVORLAGE

ZUSCHNITT

2x Beanie im Bruch

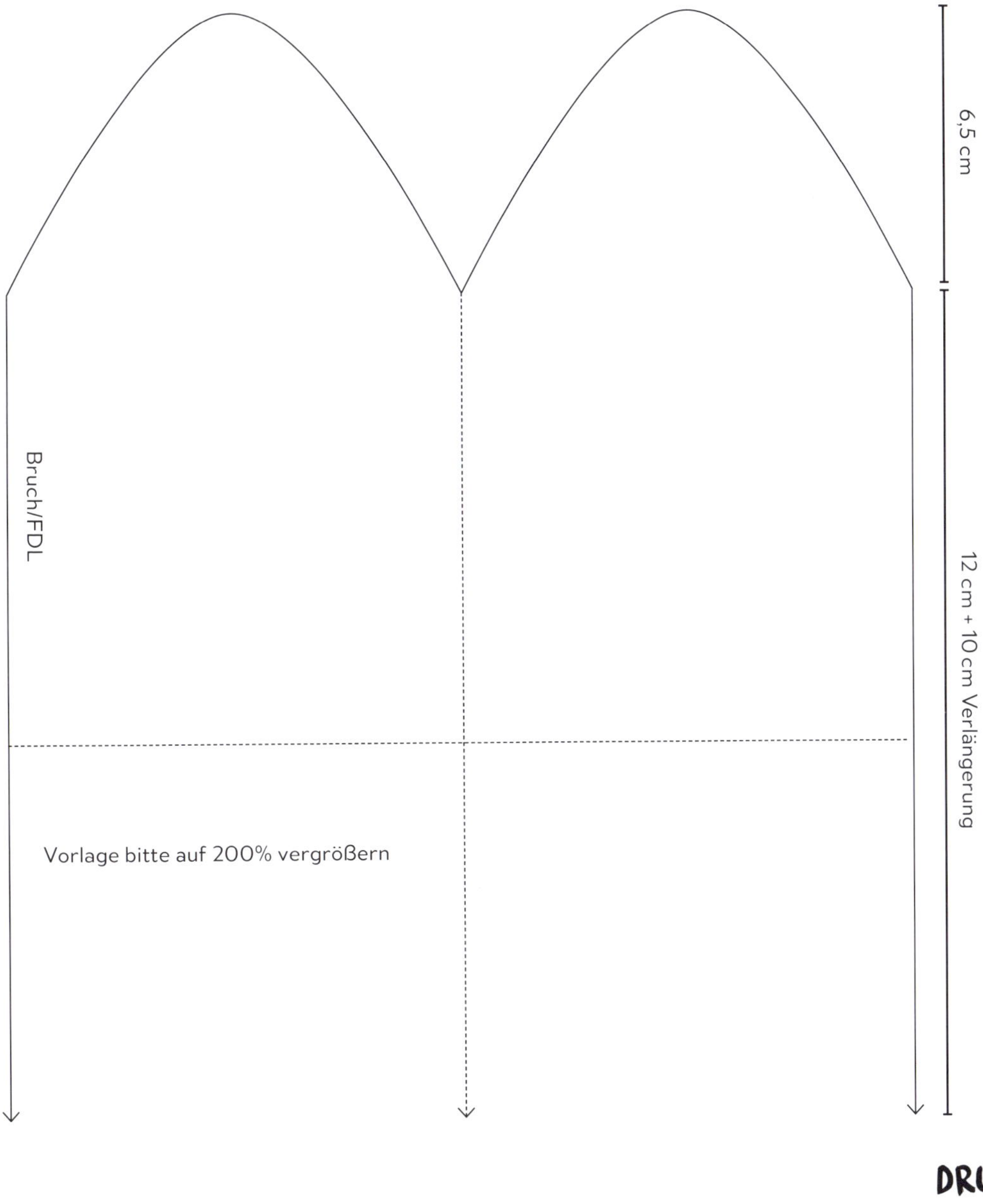

ANLEITUNG

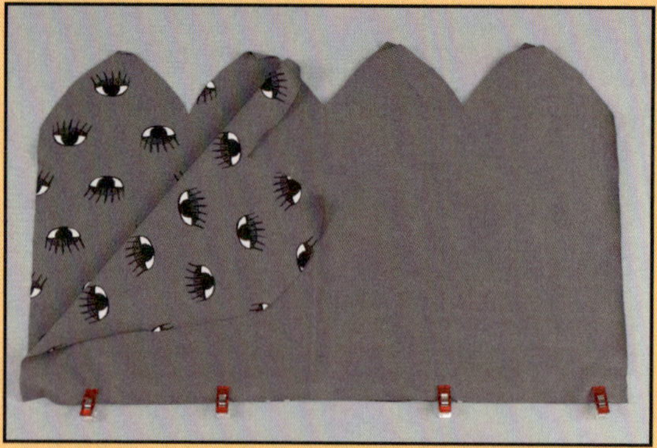

1 Lege die beiden Stoffteile rechts auf rechts aufeinander und nähe sie unten zusammen.

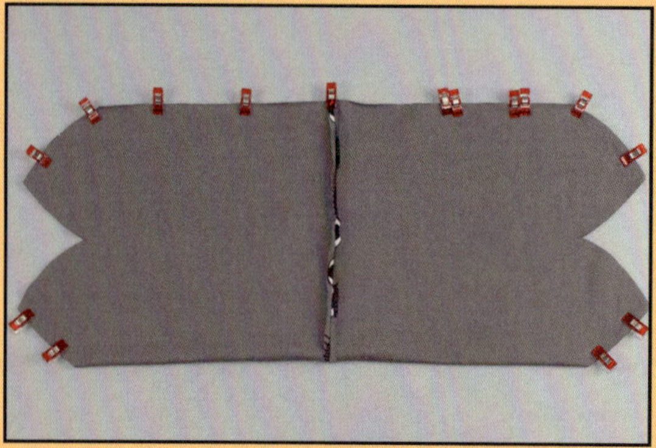

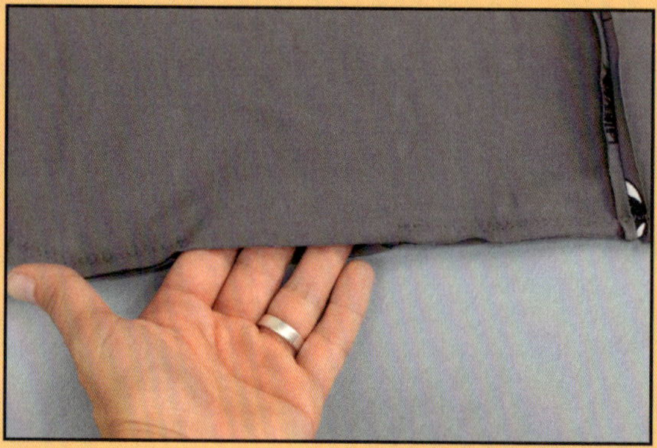

2 Klappe die Stoffe auseinander und lege sie entlang der Bruchkante aufeinander. Schließe die äußeren Zacken und die Seitennaht. Lass an der Seitennaht eine Wendeöffnung von ca. 5 cm.

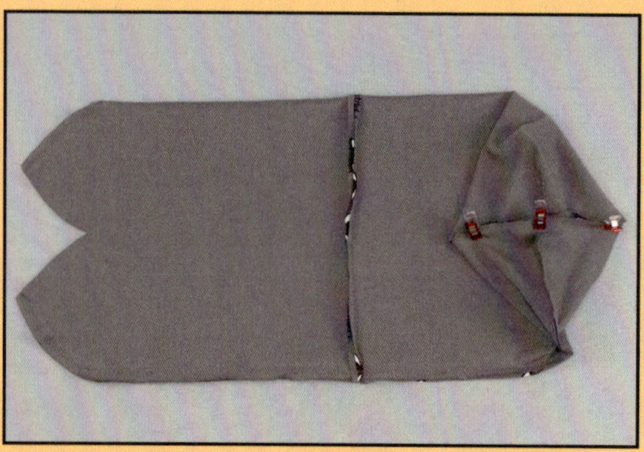

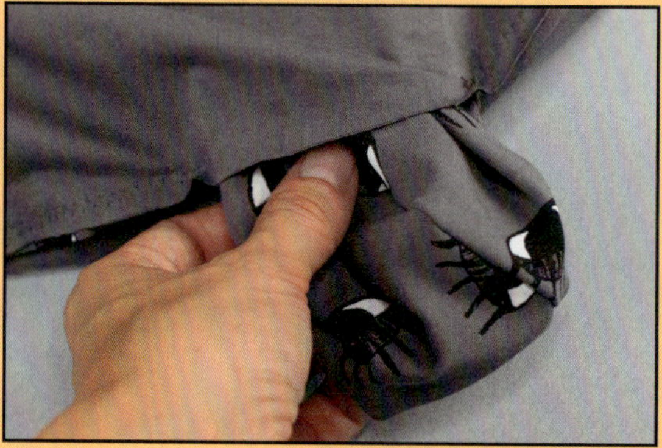

3 Lege die noch offenen Kanten rechts auf rechts aufeinander, sodass ein Bogen entsteht und schließe diesen auf beiden Seiten.

4 Ziehe den Stoff durch die Wendeöffnung vollständig nach außen. Nähe die Wendeöffnung knappkantig von außen zu oder schließe sie per Hand mit einer unsichtbaren Naht.

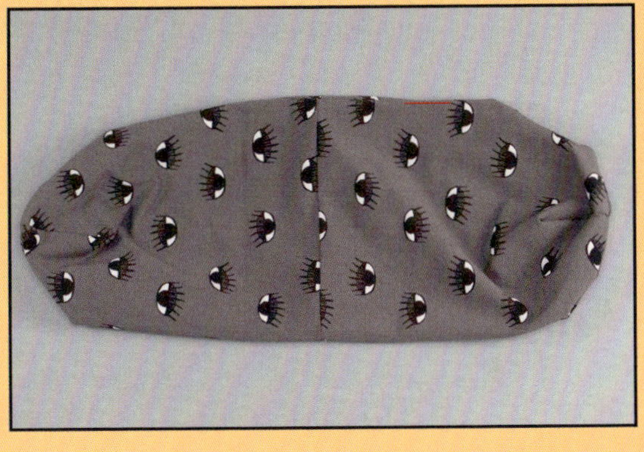

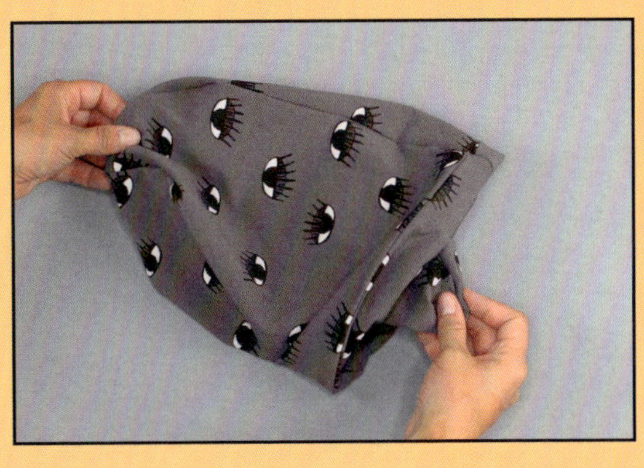

5 Stülpe die Seite mit der Wendeöffnung in die andere Seite hinein. Fixiere die beiden Teile in der Spitze der Beanie mit wenigen Stichen, damit das Innenteil beim Tragen nicht nach außen rutscht.

WICKEL-SCHAL

MATERIAL
weiche, nicht zu dünne Stoffe wie Sweat, Bouclé, dickere Strickstoffe

Druckknöpfe

VERBRAUCH
Stoff: 50 cm
6 Druckknöpfe

SCHNITTVORLAGEN

SCHAL

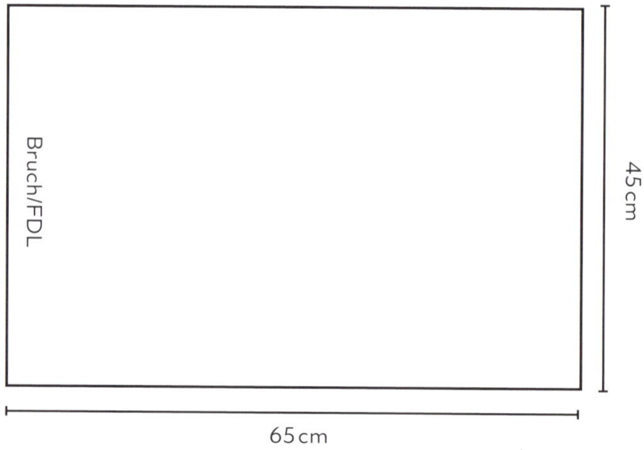

ZUSCHNITT
2x Schal im Bruch

ANLEITUNG

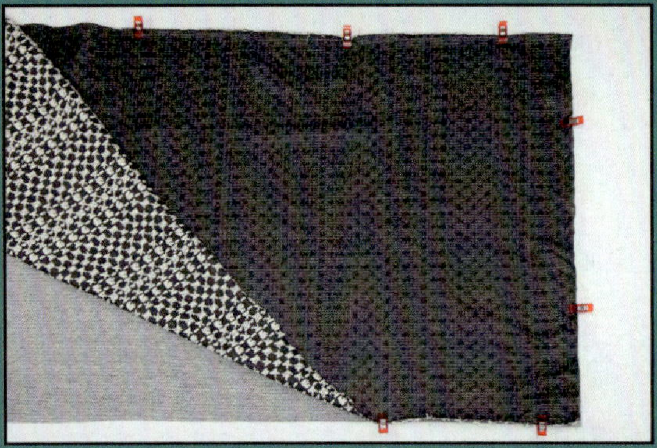

1 Lege die Stoffteile rechts auf rechts aufeinander und schließe alle vier Seiten. Lass an einer langen Seite eine Wendeöffnung von ca. 10 cm.

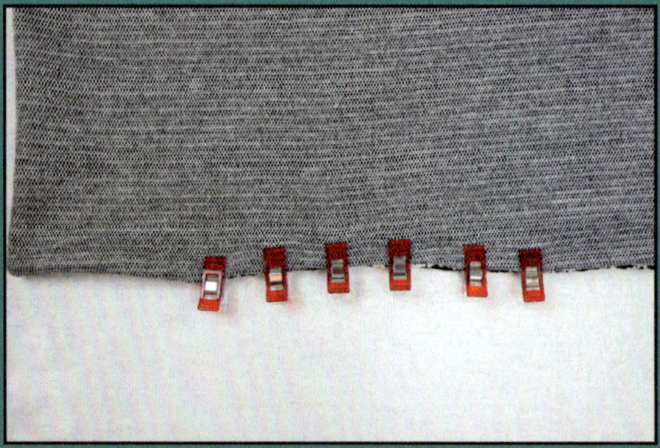

2 Wende den Schal und schließe die Öffnung per Hand mit einer unsichtbaren Naht oder indem du die Nahtzugabe nach innen schlägst und knappkantig zusammennähst.

3 Bringe die Druckknöpfe in gleichmäßigen Abständen an.

VIDEO

WENDEÖFFNUNG UNSICHTBAR SCHLIESSEN

https://youtu.be/EvRX7UOswEI

DRUMHERUM

ORDNER-HÜLLE

MATERIAL
jeder Stoff ist geeignet

VERBRAUCH
ca. 35 cm

ZUSCHNITT
1x Ordnerhülle

SCHNITTVORLAGEN

ORDNERHÜLLE

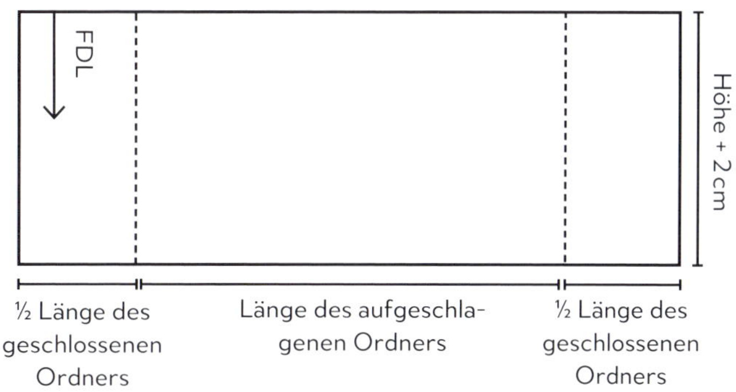

ANLEITUNG

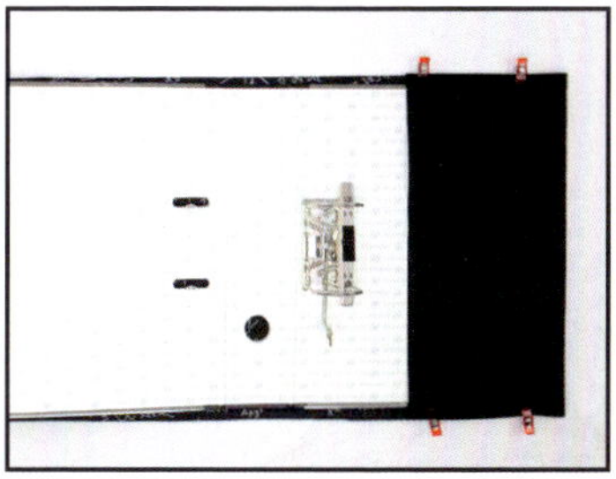

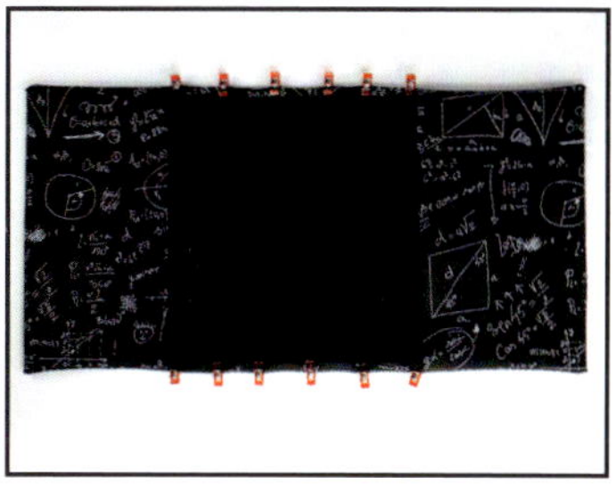

1 Lege den Ordner mittig auf die rechte Stoffseite, klappe die Seiten nach innen und nähe sie fest.

2 Schneide die Spitzen schräg ab, ohne in die Naht zu schneiden und wende die Hülle.

3 Bügele die Kanten oben und unten nach innen und nähe sie mit einem Zickzackstich so fest, dass die Nadel links und rechts vom Stoff einsticht. Achte darauf die Seitenteile nicht mit festzunähen.

DIE AUTORIN

Anna Stallmeyer näht seit über 20 Jahren. Zuerst „frei Schnauze“, dann mit Schnitten von Burda und Co. Seit einigen Jahren testet sie für verschiedene Schnittersteller zumeist digitale Schnitte und Anleitungen auf ihre Passform und Verständlichkeit. Im April 2015 hat sie ihr Hobby zum Beruf gemacht und in Münster Wolbeck eine Nähwerkstatt eröffnet, in der sie Nähkurse und Workshops für Kinder und Erwachsene gibt. Parallel dazu betreibt sie auch einen youtube-Kanal unter dem Namen „einfach nähen“, auf dem sie regelmäßig in kurzen Videos Tipps und Tricks rund um das schönste Hobby der Welt zeigt. Außerdem entwirft sie zusammen mit „Le petit canine“ Schnittmuster für Hunde.

BUCHEMPFEHLUNGEN FÜR DICH

ISBN 978-3-7724-7740-9

ISBN 978-3-7724-7831-4

ISBN 978-3-7724-4192-9

ISBN 978-3-7724-4953-6

ISBN 978-3-7724-8123-9

ISBN 978-3-7724-8158-1

ISBN 978-3-7724-6993-0

ISBN 978-3-7724-6975-6

ISBN 978-3-7724-4869-0

ISBN 978-3-7724-9088-7

ISBN 978-3-7724-4841-6

ISBN 978-3-7724-4882-9

#TOPPPROJEKT

Die eigene Kreativität zeigen: TOPPprojekt mit anderen Kreativen teilen und Teil der Gemeinschaft werden.

DIY-begeistert und auf Instagram? Dann unbedingt mitmachen! Hier gibt's Tipps und Feedback zu den eigenen Projekten. Außerdem verlosen wir jeden Monat ein Überraschungspaket. Um am Gewinnspiel teilzunehmen, einfach ein Bild vom Kreativ-Projekt aus unseren Büchern mit #TOPPprojekt posten und unserem Account @frechverlag folgen. Mehr Infos auf TOPP-kreativ.de/TOPPprojekt

Website
Auf TOPP-kreativ.de kannst du ein riesiges Angebot von über 1.000 Kreativbüchern, Sets & mehr entdecken.

Newsletter
Gleich anmelden unter: TOPP-kreativ.de/newsletter und immer als Erstes von unseren Neuheiten und Sonderaktionen erfahren.

Instagram
@frechverlag

Pinterest
pinterest.com/frechverlag

Facebook
facebook.com/frechverlag

DigiBib
Hier findest du zusätzlich zu vielen unserer Bücher digitale Extras, wie Video-Tutorials, Plotter-Dateien, Vorlagen, Übungsblätter & vieles mehr. Einfach im Impressum deines TOPP-Buchs den Freischalte-Code nachschlagen und exklusive Inhalte freischalten. TOPP-kreativ.de/digibib

Youtube
youtube.com/frechverlag

Wer wir sind, wie wir arbeiten, was wir lieben …

Auf Instagram, Facebook und Pinterest findest du mehr über uns und unsere Arbeit und wirst immer schnell und einfach mit den neuesten Infos versorgt.

Alle News, alle Infos und alle Links findest du auf www.TOPP-kreativ.de

IMPRESSUM

MODELLE: Anna Stallmeyer
SCHRITTFOTOS: Anna Stallmeyer
FOTOS: frechverlag GmbH, 70839 Gerlingen, lichtpunkt, Michael Ruder (Cover, alle übrigen)
PRODUKTMANAGEMENT: Mirjam Buchwald, Nicole Schmeißer
COVER: Tatjana Weiß
HERSTELLUNG & LAYOUT: Jessica Siebert
SATZ: tebitron GmbH, Gerlingen
DRUCK UND BINDUNG: Neografia, Slowakei

1. Auflage 2023

ISBN 978-3-7358-9101-3 • Best.-Nr. 29101

MIX
Papier | Fördert gute Waldnutzung
FSC® C020353
www.fsc.org

Penguin Random House
Verlagsgruppe
FSC® N001967